비포 앤 애프터

산티아고

비포 앤 애프터
산티아고

발행일	2016년 9월 12일

지은이	조 예 찬		
펴낸이	손 형 국		
펴낸곳	(주)북랩		
편집인	선일영	편집	이종무, 권유선, 안은찬, 김송이
디자인	이현수, 이정아, 김민하, 한수희	제작	박기성, 황동현, 구성우
마케팅	김회란, 박진관, 오선아		
출판등록	2004. 12. 1(제2012-000051호)		
주소	서울시 금천구 가산디지털 1로 168, 우림라이온스밸리 B동 B113, 114호		
홈페이지	www.book.co.kr		
전화번호	(02)2026-5777	팩스	(02)2026-5747

ISBN	979-11-5987-186-3 03920(종이책)	979-11-5987-187-0 05920(전자책)

이 도서의 국립중앙도서관 출판예정도서목록(CIP)은 서지정보유통지원시스템 홈페이지(http://seoji.nl.go.kr)와 국가자료공동목록시스템(http://www.nl.go.kr/kolisnet)에서 이용하실 수 있습니다.
(CIP제어번호: CIP2016022186)

성공한 사람들은 예외없이 기개가 남다르다고 합니다.
어려움에도 꺾이지 않았던 당신의 의기를 책에 담아보지 않으시렵니까?
책으로 펴내고 싶은 원고를 메일(book@book.co.kr)로 보내주세요.
성공출판의 파트너 북랩이 함께하겠습니다.

예수의 제자 야고보의 고행길을 따라나선
한 가족의 산티아고 도보 여행기

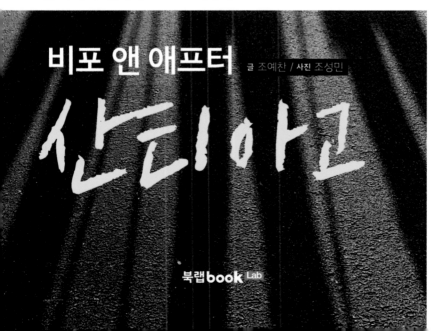

비포 앤 애프터

글 조예찬 / 사진 조성민

산티아고

북랩 book Lab

프롤로그

이 책을 집어 들었다는 것은 이미 까미노의 부름에 응답하고, 반응하고 있는 것일지도 모른다. 내 삶 가운데 더 의미 있는 무언가가 있지 않을까 자신에게 묻는 여러분에게 까미노가 초대하고 있다. 이 길을 걷는다 하여 새로운 것을 깨닫고, 생각의 지평이 넓어지진 않는다. 다만 수많은 사람이 그 위를 걸어가며 다져진 길처럼, 이미 갖고 있던 생각들이 단단해지고, 사고의 깊이가 깊어질 것이다.

이 책은 산티아고 순례를 걷기 전과 후, 이렇게 두 파트로 나뉘어져 있다. 첫 번째 파트는 '까미노 준비를 위한 정보'다. 막상 무엇부터, 어떻게 준비해야 할지 막연한 사람들에게 실질적인 도움이 되길 바라는 마음에 필자가 실제로 까미노를 준비하면서 품었던 질문과 그 준비과정을 담고 있다. 현재 산티아고에 관

런된 가이드북은 꽤 나와 있으나, 실제로 준비하면서 부딪히는 구체적인 문제들은 블로그나 카페를 통해서 일일이 많은 시간을 들여 검색 해봐야 하는 게 현 상황이다. 첫 번째 파트를 통해 필자가 소모했던 많은 시간을 사길 바란다. 까미노에 대해 관심은 있었지만 두루뭉술했던 부분에 대해 밑그림을 그려보는 시간이 될 것이다.

두 번째 파트는 필자가 까미노를 걸으면서 문득 들었던 생각이나 깨달음을 메모장에 적어두었다가 다녀온 후에 글로 엮어본 것이다. 삶에 대한 관점이나 신앙 묵상거리가 담겨있으며, 이는 새로운 발견이라기보다는 누구나 한 번쯤 생각해봤거나 이미 듣고 알고 있었던 점들이 까미노를 걸으면서 정리되고 구체화된 것이라 할 수 있다. 하지만 두 번째 파트 또한 까미노를 아직 걸어보지 않고서도 그러한 삶의 지혜를 맛보는 기회가 되기에 이 또한 시간을 사는 것이 될 것이다. 까미노를 다녀온 사람들에게는 다시 한 번 그 길을 곱씹어볼 수 있는 귀한 추억을 제공하리라 생각된다.

필자는 부모님과 함께 2016년 4월 16일부터 5월 22일까지 '37일'에 걸쳐 산티아고 순례길 프랑스 루트를 완주했다. 우선은 까미노라는 귀한 선물을 허락해주신 하나님께 감사드리며, 소중한 추억으로 함께 해주신 부모님(조성민 목사, 김영미 사모), 기쁨을 더해준 많은 순례자 모두에게 깊은 감사의 뜻을 전한다.

PART 2

After Santiago
묵상

PART 1

Before Santiago

첫 번째

까미노 데 산티아고

산티아고 순례길은 "까미노 데 산티아고(Camino de Santiago)"라 불리며, 그 뜻은 "산티아고 가는 길"이다(까미노는 본래 스페인어로 '길'이란 뜻이다). 스페인의 산티아고는 예루살렘과 로마에 이어 기독교 3대 성지 중 한 곳이다. 주요 성지를 둘러보는 위의 두 성지순례와는 달리, 산티아고 순례는 일종의 "걷는 순례"다. 예수님의 열두 제자 중 한 명이었던 야고보는 예수님의 명령에 따라 땅끝까지 복음을 전하고자 스페인 북부 갈리시아 지방으로 전도 여정을 다녔다. 그 후 예루살렘으로 돌아온 야고보 사도는 헤롯왕에게 참수를 당하면서 열두 사도 중 첫 순교자가 되었다(사도행전 12장 2절). 그의 제자들이 그의 유골을 그가 생전에 다녔던 스페인 북부 지방에 묻었는데, 시간이 흘러 A.D.813

산티아고 대성당 앞에서

년경 한 은둔 수도사가 별빛의 인도에 따라 이 유골을 발견하게 되고 당시 주교에 의해 야고보 사도의 유골임을 인증 받게 된다. 알폰소 2세가 즉위 직후 그 발견된 곳을 찾아가 경배를 표하고, 그 자리에 '산티아고 데 콤포스텔라' 성당을 세우도록 한다. 이후 수많은 신앙인이 이 산티아고 데 콤포스텔라를 향한 순례 길에 오르게 된 것이다. 이렇게 되자 교황청에서도 이 길을 걸은 순례객들의 죄를 사면해주겠다 장려하면서 사람들에게 더욱 알려지게 되었다.

실제로 '산티아고(Santiago)'라는 단어 속에는 "성 야고보(Saint Jacob)"가 담겨있다. 이 길에는 천 년이 넘는 역사가 묻어있으며, 신앙의 선조들이 걸으면서 다져진 영성이 깃들어 있다. 관련 영화로는 감독 에밀리오 에스테베즈의 '더 웨이(the Way, 2010)'라는 작품이 있고, 작가 파울로 코엘료 또한 이 길을 걷고 「순례자」(1987)라는 책을 쓰게 되면서 산티아고 순례길은 더욱 사랑 받아 왔다.

두 번째

프랑스 길

첫째 날, 생장에서 출발

산티아고에 이르는 공식적인 길은 크게 6개가 있다. 그 중 가장 사랑 받는 루트는 프랑스의 "생장(Saint Jean)"에서부터 시작되는 "프랑스 길(French Route)"이다. 생장부터 산티아고까지의 거리는 약 800㎞이며, 이는 마치 서울에서 부산을 걸어서 왕복하는 거리이다. 또한 만약 하루에 20㎞씩 걷는다면, 40일 동안을 걷게 되는 거리이다. 생장은 스페인과 프랑스 국경, 피레네 산맥 발치에 위치해 있는데, 실질적으로 1일 차나 2일 차에 피레네 산맥을 넘어가면서부터는 모두 스페인 땅이다. 생장에서 출발하면 경로는 두 가지가 있다. 하나는 '오리손 산장'을 거쳐 피레네 산맥을 넘어가는 "나폴레옹 루트"가 있고, 다른 하나는 '발카를로스' 마을로 우회해서 비교적 완만하게 돌아 넘어가는 "발카를로스 루트"가 있다. 나폴레옹 루트가 오리지널 루트이지만, 고도가 높아 4월이라 할지라도 눈 때문에 통제되는 경우가 많다.

필자는 프랑스 길을 선택했기 때문에 비행 편을 "파리 in (샤를드골 공항)"으로 했다. 파리에서 며칠 동안 여행한 후, 생장으로 이동했다. 생장으로 가는 가장 보편적인 경로는 프랑스의 고속열차인 "테제베(TGV)"를 이용하는데, 파리에서 생장까지 바로 가는 기차는 없다. 먼저 "바욘"으로 이동했다가 거기서 "생장"으로 가야 한다. 파리를 며칠 둘러보고 생장으로 이동할 경우라면, 파리의 기차역인 "몽파르나스 역" 근처에 숙소를 잡는 것이 좋다. 파리에서 먼저 바욘으로 이동할 때 주로 이른 아침 출발이기 때문이다. 바욘에서 생장으로 갈 때는 모노레일 같은 전

테제베(TGV)에서 모닝커피 한 잔

용 기차를 이용하게 된다. 이용객이 적을 경우 버스로 대치되기도 한다. 파리에서 바욘까지는 약 4시간, 바욘에서 생장까지는 약 1시간 거리이다. 생장 사무소에 들러 순례자 등록을 하고 하루 생장에서 묵은 뒤 다음 날 아침부터 순례를 시작하는 게 보통이다.

세 번째

다양한 사람들, 순례자

　까미노는 꼭 한 번에 완주해야 하는 것은 아니다. 우리 한국 같은 경우는 거리가 많이 떨어져 있고, 또한 어렵게 시간을 낸 기회이기 때문에 한 번에 뿌리까지 뽑고 싶은 건 사실이다. 그러나 유럽인들은 800㎞를 쪼개어 몇 년 만에 완주하기도 한다. 일주일 휴가를 받고 어디까지만 걷고, 내년에 다시 그 도시부터 걷는 방법을 취한다. 특히 산티아고로부터 약 100㎞ 떨어져 있는 "사리아(Sarria)"부터 걸어도 "순례 인증서"를 주기 때문에 많은 사람들은 여기서부터 걷기도 한다(이는 사리아부터 급격하게 사람들이 많아진다는 걸 뜻한다).

　산티아고를 걷는 사람들은 크게 세 부류, 2~30대, 50대, 그리

두 가지 형태의 '순례자 인증서'(위쪽)

고 70대이다. 앞으로 내 삶을 어떻게 계획해 나가야 할 지 스스로에게 묻는 젊은이들, 지금까지 걸어온 삶을 중간 점검하고픈 중년기의 사람들, 그리고 은퇴 후 자신이 걸어온 길을 잘 매듭짓고 싶은 노년기의 분들까지 그 연령층은 다양하다. 순례 성수기는 휴가철인 7, 8월로 가장 사람이 많으며, 비교적 사람이 적고, 날씨가 좋아 걷기 좋은 때는 '봄(4-5월)'과 '가을(9-10월)'이다. 필자는 2016년 4월 16일부터 5월 22일까지 37일 차에 걸쳐 완주했다. 참고로 걷는 순례 말고도 자전거를 이용해 도전하는 사람들도 꽤 있다. 걷는 순례자를 스페인어로 "페레그리노(Peregrino)"

'바이시크리노'들과 함께

라고 하기에, 자전거로 도전하는 그들을 비공식적으로 "바이시크리노(=Bicycle+Peregrino)"라 부른다. 다양한 나라에서 온, 다양한 연령층의 사람들이, 다양한 방법으로 이 길에 오르고 있다. 그러나 그들은 같은 한 곳을 향해 걷기에 그들은 동일한 "순례자"이다.

네 번째

까미노의 상징들

스페인 한복판에서 누군가가 순례자임을 상징하는 것은 커다란 "조가비"이다. 이에 관련된 전설이나 유래는 다양하다. 생장 사무소에서 약간의 금액을 기부하고 조가비를 받을 수 있다. 순

조가비와 순례자 여권

례자들은 자신의 배낭에 조가비를 매달고 다닌다. 배낭에 뿐 아니라, 산티아고에 이르는 까미노 곳곳에서 조가비 문양과 로고를 만날 수 있다.

두 번째로 순례자들은 "순례자 여권(크레덴시알)"을 들고 다닌다. 크레덴시알은 순례자가 순례를 시작하는 지점에서 등록 후 발행 받을 수 있다. 순례자가 묵는 숙소나 식당, 카페 등에서 "도장(쎄요)"을 찍을 수 있는 종이 형태의 여권이다. 각 마을의 숙소나 식당에서는 자신들만의 특유한 도장을 만들어 비치해놓고 있다. 이렇게 모은 도장들을 마지막 산티아고 순례협회 사무소에서 확인 후 "순례 증명서"를 발급해주는 시스템이다.

마지막으로 까미노에는 "노란 화살표"가 있다. 순례자들은 노란 화살표를 통해 길을 잃어버리지 않고 산티아고까지 안전하게 이를 수 있다. 화살표는 주로 갈림길에 그려져 있는데, 걷는 중간에도 표지판이나 길바닥, 바위 위, 심지어 나무에까지 그려져 있다. 방향을 알려주는 노란 화살표도 까미노의 상징이라 할 수 있다.

순례길 곳곳에서 볼 수 있는 '노란 화살표'

TIP 대학 여권?

산티아고 순례길은 요즘 종교적인 목적 이외에도 유럽 젊은이들에게 인기가 많다. 약 800㎞ 가까이 걷는다는 게 쉽지 않은 도전이기에, 많은 젊은이가 지구력과 끈기를 배운다던지, 스스로에 대한 성취감을 얻기 위해 이 까미노를 많이 찾고 있다. 최근 그들의 취업 이력서에 산티아고 순례를 완주했다는 것을 첫째 줄에 넣고 있는 추세이기도 하다. 게다가 대학 재학생, 졸업생, 교수, 퇴직 교수라면 나이에 상관없이 산티아고 순례를 통해 "산티아고 학위"를 취득할 수 있다! '팜플로나'부터 시작하여 까미노 중 만나는 큰 도시의 몇 대학에 방문하여 인증 도장을 추가로 모으면 스페인의 역사, 문화, 예술, 건축 등의 수업을 이수한 것으로 간주하여 순례를 마친 후 "학위 증명서"를 받을 수 있다. 이때 필요한 '대학 여권'이라는 것을 한국에서도 미리 발급받아 가거나, 아니면 스페인 대학교 현장에서도 구할 수 있다(관련 정보 사이트 : www.caminocorea.org).

까미노 예산

까미노를 위해선 평균 1인당 400만 원 이상의 경비(경비(200만 원) + 항공료(100만 원) + 준비비(100만 원))를 예상하면 좋다.

1) 경비

우선 까미노를 걷는 동안의 경비는 얼마 정도 필요할까? 통념적으로 순례 동안의 순수 경비는 1㎞에 1유로, 즉 800유로라는 이야기가 있었으나, 최근 필자가 다녀오면서 느낀 물가 정황으로 이제는 어려워 보인다. 물론 어떻게 먹고, 어떻게 자고, 어떻게 아끼느냐에 따라 예산은 얼마든지 낮출 수 있다. 그러나 약 40일 동안 800유로를 쓸 생각이라면 하루에 평균 20유로씩이란 것인데, 스페인 물가가 전보다 올랐기 때문에 세 끼 식사와 숙박

등을 해결하기엔 쉽지 않다. 이를테면 식당에서 저녁 한 끼 식사가 약 10유로 정도('순례자 메뉴')가 들고, 숙소는 시설에 따라 7~15유로 선이기 때문이다. 따라서 까미노 동안의 순수한 경비는 '약 200만 원' 정도로 생각하면 좋겠다. 환율이 괜찮다 여겨질 때 '유로'로 환전해가면 된다. 시티은행 계좌에 넣고 크게 몇 번씩 ATM(수수료가 있다)에서 출금하며 쓰는 순례자들도 있지만, 한 번에 전액을 가져가도 본인이 관리를 잘한다면 걱정될 일은 없다.

2) 왕복 항공료

최근 비행기티켓 값은 이전보다 많이 내려갔다. 필자가 까미노를 준비할 때 비행기 값 예산으로 150만 원을 잡았으나 실제로는 '인터파크 투어'에서 100만 원 초반대에 대한항공 직항 왕복 티켓을 구할 수 있었다(2016년 2월 기준). 물론 항공권은 일찍 끊을수록 저렴하다. 필자 경우에는 그리 일찍 티켓팅을 한 편도 아니었고, 심지어 인 아웃을 다르게 지정한 티켓(파리 in-마드리드 out)이었음에도 기존보다 저렴하게 구할 수 있었다.

3) 준비비

추가로 까미노를 위한 준비물을 구입 해야 한다. 순례를 위해 특별히 준비해야 할 준비물들이 있기 때문에, 개인차가 있겠으

나 여기서도 100만 원에 가까운 비용이 들어가게 된다(구체적인
준비물 목록은 다음 장에서 나누도록 하겠다).

 예약의 힘

까미노를 떠나기 전에 가능한 것들은 한국에서 미리 예약을 하고 출발하는 것
이 좋다. 비행기 티켓 이외에도 파리에서의 숙소나 관광지(몽파르나스 타워, 바토
무슈 유람선 등) 또는 생장으로 이동하는 교통편(TGV 기차 티켓) 등 현장에서 결
제하는 것보다 훨씬 경제적이고 안정적이다. 필자의 경우 까미노를 마치고 한
국으로 돌아가기 위해 마드리드로 이동할 스페인 고속열차(렌페) 티켓까지 미
리 예약하고 갔었기에 현지에서 마음이 편했다. 성수기에 까미노를 갈 분들이
라면, 매진 됐을 경우를 피하기 위해 예약은 더더욱 필요하다고 생각된다. 각자
의 경우마다 해당 검색어로 검색해보면 친절하게 설명해주는 블로그들을 발견
할 수 있다. (ex. 검색창에 "TGV 예약방법" 검색)

여섯 번째

까미노 준비물

배낭의 무게는 가벼울수록 좋다. 보통 자신의 체중 10% 무게로 맞추는 것이 가장 적절하다고 한다. 무게가 그 이상이 넘어가면 장시간 걷게 될 때 신체에 무리가 온다. 물론 체중의 10%로 맞춘다는 것이 쉽지 않다. 필자의 경우 최대한 줄이도록 노력해서 약 7kg에 맞췄지만, 실제 걸으면서 간식이나 물 등이 추가되면서 8-9kg를 왔다 갔다 했다. 준비물에 대해선 필자가 가져간 리스트를 통해 정보를 나누도록 하겠다.

1) 배낭

배낭은 까미노에서 가장 중요한 준비물이다. 보통 남성은 40~50ℓ, 여성은 30~40ℓ 용량의 배낭을 구입해 간다. 참고로 겨울 까미노의 경우는 옷이 더 두터워지므로 기본보다 용량이

오스프리 배낭들

더 필요하다고 보면 된다. 필자는 "오스프리(Osprey)"사의 "아트모스 50 AG(Atmos 50 AG)" 모델을 멨는데 매우 만족스러웠다. 무게를 허리에 잘 분산시켜줘서 어깨에 큰 무리가 가지 않게 해주는 배낭이었다. 아버지는 같은 모델을 사용했고, 어머니는 같은 회사의 "카이트 36(Kyte 36)" 제품을 사용하셨다. 참고로 모델명에 붙는 숫자는 그 가방의 용량을 의미한다. 오스프리 외에도 배낭으로 유명한 브랜드는 "그레고리(Gregory)" "도이터(Deuter)"가 있다. 오프라인 전문 매장에 방문하여 직접 메어 보고, 상담을 받아보고 구입하는 걸 추천한다. 구입을 할 경우엔 오프라인보다 온라인에서 구매하는 것이 훨씬 저렴한데, "오케이몰(www.okmall.com)"이란 사이트를 추천한다. 이 사이트에서 배낭 외에 여러 준비물도 구입할 수 있다.

2) 신발

신발은 하나로 정해진 답이 없다. 다만 본인에게 맞는 신발을 찾아 한 달 정도 미리 걸어보고 적응시켜야 한다. 보통 발목 보호를 위해 복숭아뼈까지 올라오는 "경등산화"를 선택한다. 물론 까미노 길은 한국에서의 등산과는 개념이 조금 다른, 대부분 오르막내리막이 반복되는 돌길, 흙길이지만 그럼에도 운동화보다는 등산화를 추천하는 바이다. 몇 가지 중요한 것은 반드시 "고어텍스(방수)" 코팅처리가 된 것을 구입해야 하고, 밑창은 "비브람(Vibram)" 소재를 추천한다.

3) 깔창

구입할 때 신발에 있었던 자체 깔창을 그대로 써도 좋고, 필자 경우는 좀 더 두툼하고 부드러운 깔창('로드러너')을 따로 구입해서 깔고 갔다. 필요에 따라 선택할 것.

4) 침낭

숙소에 매트리스와 시트까지는 있으나, 보통 그 위에 자신의 침낭을 깔아 취침 한다. 배낭을 고를 때 침낭이 들어갈 만한 폭이나 크기가 되는지 함께 고려하면 좋다. 위에 언급된 용량의 배낭인 경우, 필요시에 배낭 위로 내용물을 다 꺼내지 않고도 손쉽게 침낭을 배낭 아래로 꺼낼 수 있는 공간이 있다. 침낭은 특정 브랜드보다는 근처 대형 마트(홈플러스, 이마트 등)에서 가격대비 가볍고 괜찮은 것들이 많이 나와 있다. 가볍고 저렴한 것을 구입하자.

5) 기능성 상·하의 두 세트

통풍성이 좋아 땀 배출이 잘 되고, 또한 빨리 잘 마르는 소재 (속건성)인 것이 중요하다. 옷은 상·하의 두 세트만 가져가서 하루씩 번갈아 입는 식이다. 도착한 숙소에서 샤워 후 갈아입는 옷으로 나머지 하루를 보내고, 잘 때도 입고 자고, 다음 날 아침에 그대로 출발하는 순례자들이 많다. 잘 때 입을 옷을 따로 챙겨도 좋지만, 배낭 무게를 고려하자면 필수적이진 않다. 젊은이들은 꼭 '등산복'이 아니더라도 '나이키'의 '드라이핏(dry-fit)' 계열 등의 운동복도 좋다.

6) 바람막이

스페인 날씨는 하루 중에도 수없이 바뀐다. 걸으면 덥다가도 쉴 땐 다시 추워지므로, 컨디션 조절을 위해 쉽게 입었다 벗었다 할 수 있는 얇은 바람막이를 추천한다. 체질에 따라 바람막이 이외에 추가로 고어텍스 자켓까지 챙기는 경우도 있다.

7) 아우터(후리스)

샤워 후 체온 유지 및 조절을 해야 하는데, 선선해지는 저녁에 걸칠 얇은 후리스를 가져가면 좋다. 여성분들은 경량 패딩도 추천한다. 필자의 가족은 4월에 갔음에도 유럽 이상기온으

로 여전히 추웠기 때문에, 어머니는 현지에서 레깅스(취침용)를
구입하기도 했다.

8) 양말 세 켤레

양말은 신발보다도 발과 직접 닿는 부분이므로 중요하다. 통
풍과 건조가 잘 되는 기능성 '등산 양말'로, 혹시 모를 경우에 대
비해 세 켤레를 가져갔다. 필자는 복숭아뼈까지만 올라오는 등
산 양말을 구입해 가져갔는데, 원칙적으로는 발목 보호를 위해
목이 높은 등산 양말을 추천한다.

9) 배낭 커버

배낭 커버의 목적은 비가 오는 경우에 배낭이 젖지 않도록 겉
에 씌워 덮어주는 것이다. 배낭을 살 때 같이 들어있기도 하고,
따로 구매해야 하는 경우도 있으니 구매 전에 확인해두자. 따로
구매할 때는 배낭 용량에 맞춰 커버 사이즈를 선택해야 한다.
필자는 배낭 크기에 따라, 오스프리 사의 M 사이즈 제품(30~50ℓ
용)을 구입했다.

10) 우비

비가 자주 내리는 스페인에서 매우 중요한 준비물이다. 우비

에는 크게 두 가지가 있다. 하나는 "판초"라 해서, 위에서 배낭 커버까지 모두 덮으면서 착용하는 게 있고, 다른 하나는 "레인자 켓"인데, 먼저 몸에 착용한 후에, 커버를 씌운 배낭을 메는 타입 이다. 필자의 경우 레인자켓을 가져갔고, 현지에서 주변 분들의 평을 들어보니 레인자켓 타입이 더 인기 있다. 우비는 순례에 있 어서 중요한 준비물 중 하나이므로, 일회용처럼 너무 저렴한 제 품(만 원 이하)은 피하도록 하자. 우비를 입고 걸을 경우 생각보다 더워지기 때문에 통풍성이 좋은 제품이 좋기 때문이다. 필자는 오프라인에서 '아이더'라는 아웃도어 브랜드의 레인자켓을 4만 3천 원(할인가)에 구매했는데 매우 마음에 들었다.

11) 모자

스페인의 뜨거운 태양 빛을 피하기 위해 하나쯤 필요하다. 햇 빛으로부터 보호받으며 걷기에는 야구 모자 타입보다는 정글 모자 타입을 추천한다. 특히, 바람이 많이 부는 지역에선 모자 가 날아가기 쉬우므로 '턱 조임 끈'이 있는 제품을 구해가도록 하자.

12) 선글라스

까미노는 엄밀히 서쪽 끝을 향해 가기 때문에 걷는 주된 방향 이 '동에서 서'이다. 즉 목표 마을에 도착할 때까지 주로 태양을

등지고 가기 때문에 그렇게 선글라스가 꼭 필요한 것은 아니다. 오히려 아름다운 풍경 앞에선 쓰고 있던 선글라스를 벗어야 한다. 그래도 챙겨간다면 유용한 아이템이다. 다만 식당 테이블이나 계산대에서 잠시 벗어두었다가 그냥 나오는 경우가 많으니 분실에 주의하도록 하자.

13) 스포츠 타월

일반수건 대신, 잘 마르는 '스포츠 타월'을 1~2개 가져가도록 한다. 2개를 가져갈 경우 하나는 전신용으로 큰 것, 나머지 하나는 손수건용으로 작은 것을 가져가도 좋다. 손수건 크기의 제품은 고리가 있어 배낭의 어깨끈에 매달 수 있고, 걷는 동안 작은 주머니에서 꺼내 쓸 수 있도록 디자인되어 있다. 필자는 온라인 '오케이몰'에서 'Rock master 캠팩 타올(40x40㎝)'제품을 구매했었다.

14) 옷걸이, 빨래집게

세탁한 옷을 말릴 때 있으면 좋다. 옷걸이는 철 재질보단 가벼운 플라스틱 재질('다이소'에서 구매)로 2개 정도면 충분하다. 빨래집게는 양말, 속옷 등을 건조대나 빨랫줄에 고정해서 바람에 날아가지 않도록 하는 용도인데, 4~6개 정도면 된다.

15) 옷핀

빨래집게 이외에 빨랫줄에 고정할 때 사용하고, 또는 덜 마른 양말을 다음날 배낭에 달고 걷기도 한다. 5개 정도 챙겨간다면 옷핀의 원래 용도보다 여러모로 더 다양하게 사용할 수 있는 때가 있다.

16) 큰 비닐(김장용)

배낭 커버가 있어도 비가 많이 온다면 배낭 내부까지 젖을 수 있다. 비 소식이 있는 날이면 만일을 대비해서 짐을 배낭에 넣기 전에 비닐부터 넣고, 그 비닐 안에 짐들을 넣는다면 비바람으로부터 한 번 더 막아줄 수 있다. 시중에도 그런 용도의 제품이 나와 있는데 값이 꽤 나간다. 필자는 파란색 큰 비닐로 충분했다!

17) 지퍼백

우비, 배낭 커버 등으로도 스페인의 강한 비로부터 안전하긴 쉽지 않다. 지퍼백을 통해 다음날 입을 옷가지와 전자기기 같은 중요한 물품들을 지킬 수 있다. 일반 여행을 갈 때도 옷을 잘 접어 지퍼백에 넣어 가면 옷이 덜 구겨진다는 사실. 지퍼백 위에 '굵은 마커'로 이름을 써 구분해놓으면 사용하기 더 편리하다.

(18) 손잡이가 있는 비닐 쇼핑백

숙소에서 샤워할 때 유용하다. 샤워실에나 샤워 부스 안에는 옷, 수건 등을 걸 수 있는 걸이가 있다. 비닐 쇼핑백에 갈아입을 옷, 스포츠 타월, 세면도구 등을 담아 걸어둔다면 젖는 일 없이 씻을 수 있다. 미리 못 구했다면 마트에서 받은 비닐 봉투로 대신해도 충분하다.

(19) 슬리퍼

잠시 쉬는 시간에 발을 말려줄 때나, 숙소 도착 이후에 쓰인다.

(20) 등산스틱

가져가는 것에 호불호가 있으나, 필자의 의견으로는 가져가는 게 낫다고 본다. 그리고 가져갈 거라면 하나 보다는 두 개를 가져가서 양손에 사용할 것. 등산스틱은 주로 오르막이나 내리막에서 배낭의 무게를 분산시켜줌으로써 순례자의 무릎과 발목을 지켜주는 용도이다.

(21) 보호 장갑

등산스틱을 맨손으로 장시간 사용하다 보면 마찰 때문에 손바닥에 무리가 된다. 등산스틱 사용 때 이외에도 손을 보호하기 위해 계절에 따라 반 장갑이나, 긴 장갑을 가져가면 된다.

22) 발목, 무릎 보호대

젊은 순례자라 할지라도 발목 보호대, 무릎 보호대를 한 쌍 챙겨가길 추천한다. 보호대는 장시간 내리막길 중에 필요한데, 착용 시간은 근육 보호를 위해 1일 5시간 미만으로 하도록 한다.

23) 전자 기기류

휴대폰, 보조배터리, 충전기, 셀카봉을 챙겨갔다. 그 이외의 것들(디지털카메라 등)은 있으면 유용하겠지만, 분명 배낭을 무겁게 만드는 것이기에 잘 판단해볼 것!

24) 노트, 펜

틈틈이 떠오르는 생각이나 그 날의 일기 등 기록을 위해 작은 것으로 챙겨 가면 좋다.

25) 힙색(보조가방)

현금이나 여권 등 중요한 소지품들을 넣어, 걸을 땐 배낭 속에, 걸은 후에도(심지어 취침 중에도) 늘 몸에 지니고 다니도록 하자.

26) 화장품 샘플

무게 조절을 위해 선크림, 클렌징폼, 스킨로션 등 최소한으로만 챙겨가고, 나머지는 피레네 산맥을 넘은 후 현지에서 구입하는 걸 추천한다. 순례 중 필요할 만한 웬만한 물품은 마트에서 소량 단위로도 구입할 수 있다.

27) 비상약

후시딘, 해열제, 소화제, 일회용 밴드 등이 있겠고, 그 중 소염진통제, 바셀린, 근육통 약은 필수다. 바셀린은 걷기 전 아침에 발가락 사이마다 바르고 양말을 신어준다면, 물집 방지에 큰 도움이 된다. 맨소래담이나 안티푸라민 같은 근육통에 바르는 약 또한 많이 쓰게 된다. 비상약 또한 한 지퍼백에 구분해서 넣어주면 좋다.

28) 태극기

필수 아이템은 아니지만, 필자는 마지막 순간 포토타임을 위해 가져갔다. 해외에서 태극기가 어찌나 자랑스럽게 보이던지…. 평소에도 배낭 밖에 매달아 걸으면 무언가 왠지 힘이 더 났다. 이렇게 자신을 위한 것도 있지만, 태극기를 매달아 걷다 보면 길에서 만나는 다른 한국 분들에게도 커다란 힘이 되어주었다.

29) 기타

　'여권'과 '현금'은 늘 몸 가까이에 지녀야 한다. 특히 "여권 복사본"을 여분으로 하나 챙겨가도록 하자. 여권 사본은 해외에서 여권 분실 시에도 꼭 필요하지만, 평상시에는 숙소(알베르게)에 체크인할 때 매번 여권 원본을 꺼내야 하는 불편함을 줄여준다. 숙소에 따라 복사본 대신 원본을 요구하는 곳도 있는데, 이때를 제외하고서는 사본을 제출하여 여권 원본의 위치를 자주 노출시키지 않도록 하자. 항공권, 기차표 등 예약한 게 있다면, 결제 확인 서류들도 만에 하나 챙기면 좋다.

까미노의 날씨, 비에 대비하라!

스페인은 봄이나 가을이라 할지라도 한낮에는 태양이 강렬한 나라이다. 그러나 습도는 높지 않기 때문에 그늘만 들어가도 시원함을 느낄 수 있다. 스페인은 서쪽에 위치해 있기 때문에 낮 길이가 비교적 길다. 현지시간으로 오후 9시라 할지라도 여전히 대낮과 같이 밝다. 해가 진 이후에는 봄, 가을의 경우 제법 선선하다. 최근 유럽의 이상 기후 때문인지 필자가 걸었던 2016년 4월은 입에서 '춥다'는 말이 더 많이 나왔다. 필자가 더위에 대비해서 가져갔던 반팔, 반바지는 순례를 마칠 즈음 5월 중순이 넘어서야 입을 수 있었다. 해가 뜨기 전부터 걸어야 한낮 뜨겁기 전에 목표마을에 도착해서 그날 순례를 마칠 수 있는데, 4월 새벽에는 기온이 0도에 가까운 적도 며칠 있었다.

비에 대비한 순례자의 모습

특별히 스페인은 비가 자주 내리는 나라이다. 건기, 우기가 나
뉘어 있음에도 불구하고, 건기 때에도 하루에 몇 번이고 비가 내
렸다 그치기를 반복한다. 그래서 어떤 날은 우비를 입었다 벗기
를 꽤 반복하기도 한다. 늘 야외에 노출되어 있는 순례자들에게
는 비가 상당히 중요한 주제이다. 언제든지 비에 대해 바로 대처
할 수 있도록(쉽게 꺼낼 수 있도록) 준비되어 있어야 한다.

비가 내릴 때 등산 스틱을 써야 하는 코스라면, 일반 장갑은 빗물에 젖으면서 손을 더 시리게 만든다. 그래서 까미노에서 마트를 가보면 종종 수술용(실리콘) 장갑을 파는 풍경을 볼 수 있다. 한 번 구매해서 사용해 봤는데, 고무 냄새는 조금 나지만 제법 방수 효과가 있었다. 또는 시중에 파는 '일회용 비닐장갑'을 미리 1~2세트 챙겨간다면 그것도 용이하다. 현지에서는 마트 과일채소 코너에서 일회용 비닐장갑을 조금 얻을 수 있다.

우비는 발끝까지 몸 전체를 덮어주는 것이 아니기에, 비가 어느 정도 많이 오면 신발은 젖기 마련이다. 매일매일 걸어야 하는 순례자의 신발이 젖으면 힘들다. 시중에 "스패츠"라 하여 적지 않은 가격에 구할 수는 있지만, 장시간(1시간 이상) 비바람에 노출되어 있다 보면 스패츠 또한 그렇게 효과가 없다. 젖은 바지 속으로 다리를 따라 빗물이 내려가서 그대로 발까지 적셔 버리기 때문이다. 스페인이 큰 비를 늘 동반하는 것은 또 아니기에, 스패츠 구입은 필자에게 불필요했다. 대신 "임시 스패츠"의 팁을 나누고자 한다.

임시 스패츠 만들기

준비물 : 발목이 긴 양말, 주방용 비닐 2매

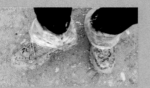

임시 스패츠 착용 모습

방법
① 우선 바지와 양말까지 먼저 착용하고서 바지를 걷어 올린다.
② 비닐 양쪽이 뚫려 있도록 비닐의 막힌 한쪽을 뚫고, 양말 위로 신는다.
③ 위쪽 비닐을 양말 안에 고정하듯이 살짝 말아 넣는다.
④ 바지를 내리고 비닐이 신발을 덮도록 신으면 끝.

그러면 바지 위로 흘러내리는 빗물이 신발로 들어가지 않게 막아준다. 그러나 이것도 표현 그대로 "임시" 스패츠일 뿐이다. 하지만 효과는 강하다.

 신문지(삐리오디코)

센스가 있는 숙소라면 주인에게서 "신문지"를 구할 수 있다. 비가 많이 내린 날, 신발이 젖게 되면 신문지를 꼭 구해서 깔창을 빼고 그 안에 구겨 넣어둘 것. 젖은 신발을 말리는 데에 신문지만큼 효과적인 것은 없다고 생각한다. 주인에게 이렇게 외치자. "삐리오디코!"

물집에 대하여

쉴 땐 확실하게 발을 식혀주어야 한다.

순례자에게 또한 중요한 과제는 완주 때까지 발에 물집이 잡히지 않는 것이다. 물집이 생기는 원인은 크게 두 가지이다. "습도"와 "열"때문이다. 오랜 시간을 걸으면서 '땀'과 '마찰열'로 인해 발이 많이 습해지고 뜨거워지는 것이다. 이 두 가지만 수시로 점검한다면 작은 물집 하나 없이 완주할 수 있다! 페이스대로 잘 쉬어주고, 쉴 때는 신발과 그리고 양말까지 잠시 벗어 발을 말려줘야 한다. 출발 전과 쉬는 시간마다 발가락 사이에 충분히 '바셀린'을 발라주는 것도 좋다. 개인적으로 약한 살 부위에 '스포츠 테이프'를 미리 붙여줘도 물집 방지에 도움이 된다.

물집이 만약에 이미 잡혔다면, "바늘과 실"로 처리할 수 있다. 바늘에 실을 연결해 바늘을 물집에 통과시키고, 바늘만 빼서 실을 따라 물기가 따라 나올 수 있도록 하면 물집은 흉터 없이 없어진다(군대를 다녀 온 남성분들은 무슨 얘기인지 잘 알 것이다). '메디폼' 같은 물집 패드도 치료에 도움이 된다. 또한 일부 산악인들에게 알려진, 비밀스런(?) 방법 중에는 발에 땀이 많은 경우 신발 깔창에 "생리대"를 붙이고 걸으면 발의 습기를 상당히 잡아주므로 효과가 좋다고 한다.

아홉 번째

까미노의 숙소, 알베르게

사립 알베르게 도미토리 모습

까미노의 숙소는 "알베르게(Albergue)"라고 불린다. 알베르게는 크게 '공립'과 '사립' 운영으로 나뉜다. 마을마다 한 곳, 정부의 지원을 받아 비교적 저렴하게 순례자들을 위한 숙소를 제공하는 곳이 공립 알베르게다. 공립의 경우 하루 숙박비용은 5~10 유로이다. 사립은 최소 10유로부터 시작하는데, 좀 더 나은 숙박 환경을 제공하지만 그렇게 큰 차이는 없어 보인다. 알베르게는 '2층 침대'가 모인 '도미토리' 형식이다. 유럽의 도미토리는 "남녀 구분 없이" 침대를 배정받는다는 것이 특이점이다. 적게는 8인실, 10인실부터 해서 많게는 몇십 명이 한 공간에 들어가기도 한다. 먼저 온 사람이 1층 침대를 우선적으로 선택할 수 있다. 샤워실 또한 남녀 구분이 없되, '개인 칸막이 부스'가 설치되어 있다. 우리나라의 '남녀공용 화장실'이라 이해하면 되겠다. 전기 콘센트는 개인이 쓰기 편하도록 침대마다 옆에 비치된 곳도 있고, 때로는 한 공간에 몇 구 정도만 있기도 하다. 그러나 충전을 못 하게 되는 상황은 거의 없으니, 멀티탭까지 굳이 가져가진 않아도 된다.

사립은 비교적 남녀 구분을 신경 쓰고 있으며, 특별히 "해비타치온(Habitacion)"을 제공하기도 한다. 해비타치온은 쉽게 말해, '개인실(Private room)'이다. 싱글룸(1인실)부터 해서 더블룸(2인실), 트리플룸(3인실)까지 있다. 가격은 경우에 따라 30~60유로 선이라 보면 되겠다. 욕실이 객실 안에 포함된 경우도 있고, 때론 객실 안에 없기도 해서 포함 여부를 미리 확인하는 게 좋다. 비수기를 포함해서, 특히 성수기 시즌에는 해비타치온 예약이 필수이다. 다음날 가게 될 마을과 숙소를 미리 정하고 당일 알베르게 주인에게 부탁하여 '전화 예약'하는 지혜가 필요하다. 주인에게 다음 날 가게 될 숙소 전화번호를 보여주며, "레제르바(예약)"라고 말해보자. 매번 해비타치온을 이용한다면 지출 경비가 늘어나겠지만, 이따금 날씨나 코스에 따라 고된 길을 걸은 날이라면, 자신에게 해비타치온을 선물하는 것도 나쁘지 않다.

해비타치온은 구별된 공간이기에 비교적 편하고, 따라서 가족끼리 갈 경우 가장 좋을 것이다. 그러나 사람을 만날 수 있는 자리는 도미토리다. 남녀노소 섞여 있는 2층 침대라 불편할 수 있으나, 그곳에서 그렇게 만나는 사람들이 추억이 되고 자산이 된다!

> **TIP** **'알베르게' 외 숙소 예약 사이트**
>
> 까미노에는 순례자뿐만 아니라 여행객들도 많다. 즉 어느 정도 규모가 있는 도시에 가면 순례자들을 위한 알베르게 외에도 일반 여행객들을 위한 호스텔이나 호텔도 있다. 팜플로나, 부르고스, 레온 등 큰 도시에서는 며칠 씩 묵는 순례자들도 있다. 공립 알베르게는 원칙적으로 1박만을 허용하기에 며칠씩 그 도시를 둘러볼 경우라면 '부킹닷컴(booking.com)' 또는 '에어비앤비(airbnb.co.kr)' 사이트를 이용하면 가격에 맞는 좋은 숙소들도 예약가능하다.

열 번째

베드 버그에 대하여

까미노를 준비하다 보면 한 번쯤 들어봤을 단어가 바로 "베드 버그"이다. 베드 버그는 숙소에서 제공되는 침대 매트리스나 목재 프레임 부분에 서식하는 일종의 '진드기'이다. 한 번 물리면 엄청 가렵고 많이 붓기 때문에 병원에까지 가야 하고, 심하면 순례를 중도 포기해야 하는 정도라고 한다. 결국 순례자에게 접근하지 못하도록 하는 것이 유일한 예방인데, 우리나라에 가장 유명한 것은 "비오킬(BIO-KILL)"이라는 스프레이이다. 사용법은 배낭을 내려놓기 전에 내려놓을 바닥 자리와 사용할 매트리스에 눕기 전에 스프레이를 뿌려준다. 필자는 스페인에서도 추가로 구할 수 있다는 얘기를 듣고 스프레이 한 통만 가져갔었다. 초반에는 듬뿍듬뿍 뿌렸었다가 다 써갈 때쯤 스페인 약국에서 구해보려 했으나 어찌 된 일인지 매번 구할 수 없었다. 그 이후로는 상당히 아끼면서 써왔는데, 스프레이는 결국 다 쓰지 않고 남은 채로 버리고 돌아왔다. 왜냐하면 베드 버그가 전혀 없는 건 아니겠지만, 결론적으로 최근 까미노 숙소 환경이 이전보다 훨씬 괜찮아졌기 때문이다. 물론 필자는 어머니께서 양파망에 계피조각을 담아 가면 예방 효과가 있단 걸 듣고 만들어주신 "계피 주머니"도 가져갔었다. 실제로 40일에 가까운 순례 동안 전체 순례자 중 한 명이 베드 버그로 병원에 갔었다는 이야기를 들은 정도나, 혹시 모르니 '비오킬 스프레이'를 구입하거나 '계피 주머니'를 만들어 가는 걸 추천한다!

숙소(알베르게)에서 침대 자리를 정할 때에 창가 쪽, 즉 환기가 잘되며 햇빛이 잘 드는 곳을 선택하는 것도 도움이 된다. 한 마을에는 공립 알베르게 말고도 사립 알베르게처럼 여러 숙소가 있는데, 가능하면 반지하 타입의 숙소는 습할 수 있으므로 피하도록 하고, 침대 프레임이 목재가 아닌, 철재로 된 숙소로 자리를 잡는 것도 좋다.

열한 번째

와이파이에 대하여

준비하면서 궁금한 것 중 또 하나는 까미노의 '인터넷 환경'일 것이다. 한 번쯤은 유심칩 구매에 대해 알아보고 고민을 하게 되는데, 필자는 결론적으로 유심칩 없이 까미노를 잘 마쳤다. 현재 "쓰리심" 등 유럽 통합 유심칩 등을 한국에서도 손쉽게 구할 수 있으나, 까미노에선 신호가 매우 약한 편이라 사용도나 효율성 면에서 경제적이지 않기 때문이다. 까미노 일정의 대부분은 걷는 것이다. 걷는 동안 휴대폰 액정만을 보며 걷는 순례자는 극히 드물다. 검색이나 연락을 위한 시간은 숙소(알베르게), 식당, 카페(바) 등에서 제공되는 와이파이 만으로도 충분하다. 물론 유심칩이 없으면 아쉽거나 불편한 경우가 있는 것은 사실이나, 때로는 어딘가에 매이지 않은 채 걸어보는 것도 좋은 경험이 될 것이다. 그래도 원한다면 스페인 현지에서도 "오렌지(Orange)"나 "보다폰(Vodafone)" 통신사 대리점에서 유심칩을 구매할 수 있다. 사용기간이나 사용량에 따라 다양한 상품들이 나와 있다. 이때는 본인의 번호를 유지하는 게 아니라, 스페인의 통신사에서 임시번호를 부여받는 개념이므로 기존 유심칩을 잘 보관해두고 구입한 유심칩을 휴대폰에 끼우면 된다. 한 가지 유의할 점은 유럽 통합 유심칩을 사용하지 않을 경우, 피레네 산맥을 넘기 전에는 절대로 구입하지 않도록 한다. 왜냐하면 피레네 산맥 전에는 엄밀히 프랑스 국경이므로 프랑스 번호를 받는 것이 된다. 즉 피레네 산맥을 넘은 이후로는 스페인 국경이므로, '로밍' 개념이 부과되기 때문이다. 유럽 통합 유심칩은 값이 더 비싸기 때문에 한 나라의 유심을 구입할 거라면, 반드시 스페인 번호를 받도록 하자.

숙소, 식당, 카페(바) 등에서 와이파이는 무료이지만 주로 암호로 잠겨있다. 와이파이 사용을 원할 경우 주인에게 비밀번호를 물어보면 된다. 주인이 비밀번호가 적힌 조그만 쪽지를 주거나, 메모지에 직접 적어주기도 한다. 즉 자신들의 '고객'을 위해 와이파이를 무료로 제공해주고 있다. 좋은 숙소는 층마다 혹은 방마다 공유기를 설치해 놓지만, 공립이나 일반 숙소에서는 카운터가 있던 로비 개념에만 설치되어 있기도 하다. 그런 경우 인터넷 사용을 원하는 순례자들이 모두 로비에 나와 있다. 유심칩을 쓰든, 와이파이를 이용하든 분명한 것은 IT 강국, 대한민국 만세다 (한국을 떠나서는 인터넷 속도가 많이 느리다).

열두 번째

세탁에 대하여

알베르게에는 세탁을 위한 공간이 있다. 하루 걷기를 마치고 씻은 순례자들은 다음 날을 위해 세탁을 해야 한다. 아직 햇빛이 좋을 때 부지런히 빨래해서 말리는 게 중요한 일과 중 하나이다. 방법은 두 가지, 손 빨래를 할 수도 있고 또는 세탁기를 이용할 수도 있다. 세탁기 사용은 보통 유료(약 3유로)이다. 건조기도 있는데, 추가로 약 3유로를 더 지불하면 사용할 수 있다. 하지만 기능성 옷의 경우 건조기에 넣어 돌리면, 그 기능이 떨어진다고 하기에 웬만하면 자연 건조 방식을 추천하는 바이다.

필자 가족의 경우 매일 손빨래를 해서 빨랫줄에 널었는데, 그럴 경우 물기를 최대한 짜주는 게 중요하다. 팁으로는 가져간 '

빨래 건조 중인 알베르게 오후 풍경

스포츠 타월'에 옷감을 놓고 '김밥처럼' 말아서 한 번 더 짜주면
탈수 효과가 좋다. 알베르게에서 제공해주는 빨래집게가 있지
만 그 개수는 넉넉하지 않다. 개인적으로 가져온 옷걸이나 빨래
집게, 옷핀을 이용하면 건조에 큰 어려움은 없다. 한여름이 아
니면 알베르게에 난방을 위해 라디에이터가 밤에 나오는데, 순
례자들끼리 돌아가며 그 위에 양말이나 속옷 정도 올려놓는 것
도 건조에 큰 도움이 된다.

열세 번째

나는 어떻게 걸었나?

생장에서 출발한다면 생장 사무소에서 주는 "순례 가이드 팜 플렛" 자료들이 있다. 그 팜플렛에는 각 다음 마을들이 몇 ㎞ 떨어져 있는지, 그리고 그 마을에는 몇 개의 알베르게가 있고, 각각의 수용인원, 비용, 연락처 등 필요한 정보들이 제공되어 있다

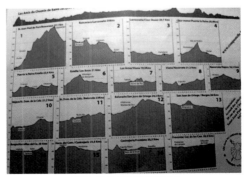

생장 사무소에서 받은 팜플렛

(더 자세한 자료가 필요하다면 생장에서 주로 영어로 된 "가이드북"을 구매할 수 있다). 생장 팜플렛에서 또한 약 800㎞를 32일 만에 완주할 수 있게 가이드 라인을 제공해준다. 32일 만에 완주한다는 것은 하루에 평균 25㎞를 걸어야 한다는 뜻이다. 필자 가족은 그 가이드 라인보다 더 여유 있는 기간인 '37일'로 목표로 삼고 하루 평균 21.6㎞를 걸었다. 이 정도라면 그 날 하루나, 또는 장기적으로도 별 무리 없이 꾸준하게 걸을 수 있다. 그날 컨디션과 상황에 따라 달라지지만, 또 하나의 참고가 되길 바라며 필자가 실제로 어떻게 걸었는지를 나누어 본다.

1일 차(4월 16일) : 생장 - 오리손(8㎞)

2일 차(4월 17일) : 오리손 - 부르게테(21.4㎞)

3일 차(4월 18일) : 부르게테 - 주비리(18.8㎞)

4일 차(4월 19일) : 주비리 - 팜플로나(19.3㎞)

5일 차(4월 20일) : 팜플로나 - 푸엔테라레이나(24.7㎞)

6일 차(4월 21일) : 푸엔테라레이나 - 에스테야(22.9㎞)

7일 차(4월 22일) : 에스테야 - 로스아르코스(21.4㎞)

8일차(4월 23일) : 로스아르코스 - 비아나(18.8㎞)

9일 차(4월 24일) : 비아나 - 나바레테(22.8㎞)

10일 차(4월 25일) : 나바레테 - 아조프라(22.8㎞)

11일 차(4월 26일) : 아조프라 - 그라뇽(21.9㎞)

12일 차(4월 27일) : 그라뇽 - 비야프란카(26.8㎞)

13일 차(4월 28일) : 비야프란카 - 아타푸에르카(18.8㎞)

14일 차(4월 29일) : 아타푸에르카 - 부르고스(21.2㎞)

15일 차(4월 30일) : 부르고스 - 오르니요스(20.5㎞)

16일 차(5월 1일) : 오르니요스 - 카스트로헤이즈(19.7㎞)

17일 차(5월 2일) : 카스트로헤이즈 - 보아디야델카미노(20.2㎞)

18일 차(5월 3일) : 보아디야델카미노 - 까리온(26㎞)

19일 차(5월 4일) : 까리온 - 레디고스(23㎞)

20일 차(5월 5일) : 레디고스 - 사아군(17.3㎞)

21일 차(5월 6일) : 사아군 - 엘부르고(18.1㎞)

22일 차(5월 7일) : 엘부르고 - 비야렌테(24.6㎞)

23일 차(5월 8일) : 비야렌테 - 레온(12.8㎞)

24일 차(5월 9일) : 레온 - 산마르틴(22.4㎞)

25일 차(5월 10일) : 산마르틴 - 산후스토(21.7㎞)

26일 차(5월 11일) : 산후스토 - 라바날(23.9㎞)

27일 차(5월 12일) : 라바날 - 폰페라다(33.9㎞)

28일 차(5월 13일) : 폰페라다 - 비야프랑카(22.6㎞)

29일 차(5월 14일) : 비야프랑카 - 에레리아스(21.1㎞)

30일 차(5월 15일) : 에레리아스 - 폰프리아(20.4㎞)

31일 차(5월 16일) : 폰프리아 - 사모스(20㎞)

32일 차(5월 17일) : 사모스 - 렌테(19.6㎞)

33일 차(5월 18일) : 렌테 - 곤자르(24.6㎞)

34일 차(5월 19일) : 곤자르 - 폰테캄파나(21.3㎞)

35일 차(5월 20일) : 폰테캄파나 - 아르주아(24.8㎞)

36일 차(5월 21일) : 아르주아 - 페드로우조(17.3㎞)

37일 차(5월 22일) : 페드로우조 - 산티아고(20.6㎞)

1일 차 : 생장 가이드라인에서는 1일 차에 바로 피레네 산맥을 넘도록 안내하고 있다. 올라가는 중턱에 있는 "오리손 산장"을 제외하고는 중간에 어떤 마을이나 숙소도 없기 때문이다. 넘어 내려가서야 "론세스바예스(Roncevaux)"라는 첫 마을이 있다. 그런데 생장부터 론세스바예스까지의 거리는 약 26.5㎞이다. 필자 가족은 첫날부터 그렇게 무리하면 2,3일차 순례에 영향이 가지 않을까 하여 올라가는 중턱에 있던 오리손 산장에서 묵었다. 생장에서 오리손까지의 거리는 오르막으로 약 8㎞이다. 산 중이라 와이파이가 없다는 것을 제외하면 괜찮은 계획이었다고 생각된다.

2일 차 : 오리손에서 하루를 묵었기 때문에 론세스바예스까지 내려왔다가 좀 더 걷기로 하고, 다음 마을(3㎞ 더)인 "부르게테"까지 갔다. 부르게테는 책 「노인과 바다」 등을 썼던 작가 헤밍웨이가 한동안 낚시 등으로 휴식하며 머물렀던 마을이기도 하다. 실제 그가 묵었던 호스텔도 있다하니 관심이 있다면 검색 해볼 것!

27일 차 : 까미노 중에는 세 번 큰 산을 넘게 되는데, 그 첫 번째가 1일 차에 만나는 피레네 산맥이고, 두 번째가 이 날이었다. 종일 비 소식이었던 이날, 고도가 높아짐에 따라 많이 내리던 비는 점점 진눈깨비로, 그리고 결국 눈보라로 바뀌게 되었다. 산 정상을 앞둔 산장에 잠시 대피했지만, 두 시간이 지나도 눈만 더 많이 쌓이게 되었다. 정상에는 순례자들에게 유명한 "철의 십자가(Cruz de Ferro)"가 있기 때문에, 있는 옷을 다 껴입고 다시 걷기 시작한 몇몇 사람들도 있었다. 집에서부터 혹은 순례 시작 때부터 가져온 작은 돌멩이를 기념하며 십자가 언덕에 내려놓는 전통이 있기 때문이다. 그러나 그렇게 무리했다간 '저체온증'이나 '동상'에 걸릴 수 있는 위험이 있다. 실제로 뒤늦게 산장에 들어오면서 잠시 쓰러진 유럽 여성분도 있었다. 분명히 강조하지만 이런 날에는 무리하지 않는 게 좋다. 필자 가족의 경우, 산장에서 하루를 보낸다 해도 내일이라고 상황이 나아질 것 같지 않다 판단되어 콜택시를 불렀고, 길이 미끄러워 택시로도 간신히 산 아래 동네까지 내려오게 되었다. 따라서 이 날은 차로 이동한 거리까지 33.9㎞이었다.

눈보라 속 '철의 십자가'

열네 번째

까미노 생존 언어

　영어조차도 잘 통하지 않는 스페인의 한복판에서 중요한 것
은 '자신감'과 '용기'이다. 거기에 필자에게 매우 유용했던 몇 가
지 생존 단어들을 나누어 본다. 하루하루를 걸으며 스페인 문
화에 익숙해진 자신을 발견하게 될 것이니 두려워하지 말 것.

1) 인사

안녕, 안녕하세요! : 올라(Hola)!

헤어질 때 인사(좋은 길 되세요) : 부엔 까미노(Buen Camino)!

감사합니다 : 그라시아스(Gracias)

실례합니다, 죄송합니다 : 뻬르돈(Perdon)

너무 좋습니다 또는 맛있어요 : 무이 비엔(Muy bien)

2) 장소

어디(where) : 돈데(Donde)

화장실 : 아세오스(Aceos)

식당 : 레스따우란떼(Retaurante)

슈퍼마켓 : 메르까도(Mercado) 또는 슈페르 메르까도(Super Mercado)

숙소 : 알베르게(Albergue)

약국 : 파르마시아(Farmacia)

3) 음식

'꼴라까오'(뒤)와 '카페 콘 레체'(앞)

갈리시아 지방의 대표요리인 '뽈뽀(문어)'

메뉴판 : 까르따(Carta)

물 : 아구아(Agua)

와인 : 비노(Vino)

레드와인 : 비노 띤또(Vino tinto)

핫초코 : 꼴라까오(Colacao) → '핫초코'라고 하면 정말 초콜릿을 따뜻하게 녹여서 준다. 꼴라까오는 코코아 음료 상표다.

카페라떼 : 카페 콘 레체(Cafe con leche)

스프 : 소빠(sopa)

샌드위치 : 보카디요(Bocadillo)

소고기 : 바까(vaca)

돼지고기 : 세르도(Cerdo)

닭고기 : 뽀요(pollo)

문어 : 뽈뽀(pulpo) → 꼭 먹어야 하는 갈리시아 지방의 대표 요리(약 10유로)

달걀 : 우에보(Huevo)

과일 : 프룻따(Fruta)

소금 : 쌀(Sal)

쌀 : 아로쯔(Aroz)

4) 숫자

1 : 우노(Uno)

2 : 도스(Dos)

3 : 뜨레스(Tres)

4 : 콰뜨로(Quatro)

5 : 씽꼬(Cinco)

5) 기타

순례자 : 뻬레그리노(Peregrino)

도장(스탬프) : 쎄요(sello)

와이파이 : 위피(wifi)

가격 : 프레시오(Precio)

신문지 : 뻬리오디코(Periodico)

내일 : 마냐나(Manana)

전화 예약 : 레제르바 뽀르 텔레포노(Reserva por telefono)

 스페인 생존 문법(독법)

1) 스페인어에서 'L'이 두 개가 붙으면, 'Y'처럼 발음이 난다.

　예 : 도장(Sello)은 '쎌로'가 아닌 '쎄요', 닭고기(Pollo)는 뽈로가 아닌 '뽀요'

2) 스페인어에서 'H'는 묵음이다.

　예 : 안녕하세요(Hola)는 '홀라'가 아닌 '올라', 달걀(Huevo)은 '후에보'가 아

　닌 '우에보'

까미노 음식

마음 같아선 한국에서 많은 음식을 가져가고 싶지만, 그것은 우리의 배낭을 무겁게 만들 뿐이다. 판단 하에 정말 필요하다 느껴지는 극소량만 가져갈 것을 추천한다. 반드시 배낭의 무게만큼 책임이 따른다는 것을 기억하자!

1) 가져가면 괜찮은 것들

햇반 하나, 튜브형 고추장, 라면 스프, 김, 커피믹스 몇 개

2) 물

물은 마트에서 작은 병으로 매번 바꿔가며 사먹는 것을 추천한다. 물론 스페인 물은 화장실에서도 그냥 마셔도 된다고 한

까미노 마트의 풍경

다. 또한 까미노 중에 식수를 제공하는 '음수대'가 있어 그때마다 담아 마셔도 되지만, 혹여나 한 번 탈이 나면 힘들기 때문에 예방하는 게 중요하다. 사먹는 물이 그렇게 비싼 편이 아니므로, 물은 안전하게 사먹는 것을 추천한다.

3) 아침 식사를 준비하라

알베르게에서 아침 식사를 제공하지만(1인당 약 3~4유로) 매일 이용하기엔 비용적으로 무리가 된다. 또한 아침은 정해진 시간(보통 오전 7시) 이후부터 이용 가능한데, 그럴 경우 일찍부터 떠나야 하는 순례자들에겐 출발이 애매해진다. 따라서 전날 마트에서 빵이나 과일류를 미리 사둔다면, 아침이나 심지어 점심까지도 비교적 저렴하게 해결할 수 있다. 스페인에서는 과일값이 굉장히 저렴하다. 하루에 비타민C 섭취 대용으로 오렌지 하나씩을 먹어주면 좋다. 때로는 몇 명이 모여서 계란 한 판을 삶아 나눠 챙기는 것도 좋다. 그럴 땐 소금을 조금 챙길 것.

4) 저녁 식사

저녁 식사는 보통 알베르게나 식당에서 순례자를 위한 코스 메뉴(순례자 메뉴)를 제공한다. 가격은 1인당 약 10유로에, 두 메뉴(애피타이저와 메인요리 개념)를 선택할 수 있고, 빵, 후식, 물 또는 와인이 함께 제공되는 세트 메뉴라 보면 되겠다. 그러나 매번 순례자 요리를 먹는다면 비용면에서도 무리가 되고, 때로는 매번 비슷한 메뉴에 질리기도 한다. 그래서 또 하나의 방법으로는 알베르게의 주방을 이용해서 저녁을 만들어 먹는 경우가 있다. 만들어 먹기로 정했다면, 모든 알베르게가 주방을 제공하는 것은 아니므로 생장 사무소에서 받은 팜플렛이나 가이드북을 참고해서 주방사용이 가능한 숙소를 알아보도록 하자. 또한 그 마을에 마트(메르까도)가 있는 지 또한 미리 확인해야 한다. 작은 마을에는 가끔 마트가 없는 경우도 있기 때문이다. 아니면 도착 직전 큰 마을에서 미리 장을 보고 가는 것도 하나의 방법이다. 주방에는 먼저 거쳐 간 순례자들이 다음 사람을 위해 남겨 둔 식자재들이 있으므로, 마트에서 장을 보기 전에 주방을 둘러보는 것도 또 하나의 팁이 되겠다. 가장 많이 만들어 먹는 메뉴는 파스타(스파게티)이고, 상황에 따라 그럴싸한 별미를 먹게 되기도 한다. 그러나 하루를 걷고 나서 피곤한 몸을 이끌고 저녁을 준비해야 하는 단점이 있으므로 그 날 컨디션에 따라 정하면 되겠다.

5) 라면 포인트

순례를 마치는 순간까지 한식은 보기 힘들다. 그럴 경우, 김치찌개 못지않게 외국에서 생각나는 음식이라면 "라면"이라 할 수 있겠다. 라면은 까미노 중간중간 우리를 기다리고 있다. 라면 관련 정보가 있는 곳을 모아보았다.

- **팜플로나** : 'Alimentacion Iruna'라는 중국인이 운영하는 마트에서 신라면, 컵라면 판매
- **부르고스** : 대성당 인근 'Don Nuno' 레스토랑에서 끓여 판매

뜨라바델로의 라면

Pank Peter에서 만난 한국 음식

- **카카벨로스** : ‘Elmonodelcamino’ 카페에서 자체 제작 김치라면 끓여 판매
- **뜨라바델로** : ‘El Puente Peregrino’에서 “짜파게티” “너구리” “신라면”을 끓여 판매
- **메르카도이로(산티아고까지 100㎞ 남은 부분)** : ‘Pank Peter’에서 각종 한국 음식(햇반, 3분 요리, 김치, 라면류 등)을 판매

유용한 애플리케이션

휴대폰에 미리 받아 가면 유용한 애플리케이션들을 소개하
겠다.

1) 맵스미(Maps.me) 지도 어플

필자가 알아본 결과 '구
글맵'보다 더 유용하다.
구글맵은 인터넷이 연결
된 상태에서 괜찮게 쓰이
지만 오프라인에서는 이
용할 수 없다. '맵스미'는

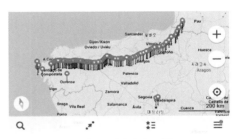

맵스미로 표기한 까미노 핀들

미리 한국에서 지도를 다운 받으면 오프라인 상태에서도 비교

적 상세하게 이용이 가능하다(와이파이가 가능한 환경에서 다운 받을 것).
GPS를 통해 현 위치에서 원하는 지점까지 어떤 경로로 걸어가
야 할지, 거리는 얼마나 되는지, 예상 시간 등의 정보를 얻을 수
있다. 대성당 등 중요한 지점 같은 경우는 검색을 통해 즐겨찾
기처럼, 지도에 '핀(pin)'을 미리 꽂아두고 이용할 수 있다. 까미노
상에 있는 마을 이름들 또한 검색해서 핀을 꽂아두면 전체적으
로 어떻게 이동하고 있는지 도움이 된다.

2) 구글 번역기 어플

마트에서 장을 볼 때, 길 방향을 물을 때 등 스페인 현지 사
람들에게 무언가를 물어볼 때 유용하다. 이럴 경우 때로는 복
잡한 문장보다 간단한 핵심 단어를 보여주는 게 유익하다. 구글
번역기 또한 미리 언어를 선택해서 다운 받아 두면 오프라인에
서 이용이 가능하다.

3) 까미노 관련 어플

요즘은 가이드북 이외에도 까미노에 대한 정보를 어플로 만들
고 있는 추세이다. 그런 어플들은 국제적이라 아직까진 주로 영
어로 안내해주고 있는데, 이모티콘이나 픽토그램과 함께 안내해
주므로 정보를 얻는 데에는 크게 지장이 없다. 대표적인 어플로

는 "Camino Pilgrim"이 있다(필자는 애플 유저라 이 어플은 사용할 수 없었다). 다음 마을 간 거리나, 그곳에 있는 알베르게 정보, 그리고 간단한 지도 정보도 함께 제공하므로 하나 정도는 갖고 있으면 좋다. 지도 정보의 경우, 구글 지도를 이용해 까미노 경로를 빨간 선으로 표시하여 알려주는 점이 좋았다.

열일곱 번째

배낭 배달 서비스

알베르게 카운터에 비치된 배낭 배달신청서들(왼쪽)

　여기까지 읽었음에도 여전히 무거운 배낭과 함께 800㎞에 가까운 까미노에 도전한다는 것이 두려운 분들이 있을 것이다. 물론 육체적으로 쉽지 않은 건 사실이다. 그러나 심지어 80대에 가

비포 앤 애프터 _____
산티아고

까운 어르신들도 지금 이 순간에도 걷고 있다는 것 또한 사실이다. 그것을 가능하도록 도와주는 한 가지 팁을 소개하겠다. 까미노에는 상황에 따라 자신의 배낭을 다음 마을로 부칠 수 있는 시스템이 마련되어 있다. 보통 두 곳, "스페인 우체국(Correos)"에서와, 사설 업체인 "하코트랜스(Jacotrans)"를 가장 많이 이용한다. 알베르게 입구에서 해당 내용 광고를 볼 수 있을 것이다. 알베르게 주인에게 내일 짐 부치기를 원한다고 말하면, 신청서 양식을 준다. 그 종이에 어디 마을, 어느 숙소에 배낭을 갖다 줄지 미리 정해서 적고, 이용 요금(약 5유로)을 동봉해서 배낭에 달아두면, 아침에 업체가 와서 배낭을 가져가는 방식이다. 필자는 이용해본 적은 없지만 어르신들이나 까미노 중 다치신 분들 등 적지 않은 순례자들이 이 방법을 쓰고 있다. 처음부터 이렇게 걷기로 정하고 오신 분들은 작은 백팩을 하나 더 챙겨오기도 했다. 현금이나 우비 등 걷는 데에 꼭 필요한 것들을 작은 백팩에 담아 직접 메고, 나머지는 짐을 부치는 식으로 사용한다. 미리 예산으로 생각해둔다면 비교적 어렵지 않게 까미노에 도전할 수 있을 것이다.

열여덟 번째

까미노의 하루 패턴

　순례자의 하루 생활 패턴은 비슷하다. 일어나서 다음 목적지
마을을 향해 걷고, 도착하면 쉬면서 다음 날을 정비하는 비교적
단순한 생활이다. 그러나 일상의 시간표와는 조금 다르다. 우선
스페인은 한국보다 7시간이 느린 시차가 있다. 그리고 스페인 현
지 시간 기준으로 순례자들은 보통 아침 8시 전에는 출발한다.
매일 약 20㎞가 넘는 거리를 걸어가야 하는데, 배낭의 무게가 있
어 평균 시속인 4㎞/h보다 느리다. 즉 중간에 쉬는 시간, 식사 시
간 등 포함되어 하루 평균 '6~7시간'을 이동해야 한다. 스페인의
경우 습도는 낮지만 태양은 뜨겁기 때문에 5월부터도 낮엔 매
우 덥다. 즉 오후 2시가 되기 전에 그날 목적지인 마을에 도착하
도록 걷는 것이 좋다. 따라서 그날 걷는 거리가 긴 날이거나, 날

씨가 더워질수록 아침 7시 이전엔 걷기 시작해야 더위로 힘들지 않다. 오후에 마을에 도착해 숙소를 잡으면 샤워와 세탁부터 한다. 그 후에는 자유롭게 휴식을 취하거나 그 마을을 둘러본다. 다음 날 코스 정보까지 검색하다 보면, 저녁 식사 시간이 되고, 그 후에는 일찍 잠에 드는 것이 순례자의 하루 패턴이다. 공립 알베르게 도미토리에서도 보통 밤 10시가 되면 익일 오전 6시까지 소등을 한다. 그렇다고 서두른다 해서 너무 새벽 일찍부터 일어나 주변 분들의 잠을 방해하지 않도록 유의한다.

시간에 대해 흥미로운 점 두 가지가 있다. 첫째로 스페인의 저녁 식사 시간은 통상적으로 "오후 7시 이후"로 정해져 있다. 이유는 스페인 음식 문화는 "1일 5식"이기 때문이다. 자세한 정보는 인터넷 검색을 통해 읽어볼 수 있다. 따라서 순례자들은 배고픔을 호소하지만, 식당 주인도 그전엔 손님을 받지 않다가 굳이 오후 7시까지 기다렸다가 그 이후에야 식사를 제공한다. 심지어 오후 8시가 넘어서야 주문을 받는 식당도 봤다. 꼭 기억했다가 당황하지 않도록 하자. 그리고 흥미로운 두 번째 시간 개념, "시에스타"가 있다. 시에스타는 약 "오후 2시부터 5시까지"의 소위 "낮잠 시간"이다. 음식점으로 친다면, 점심과 저녁 사이에 손님을 받지 않는 일명 "브레이크 타임"이라고 이해하면 되겠다.

이것도 스페인 문화 중 하나인데, 이 시간에는 식당이며 약국, 마트 등이 문을 닫는 경우가 많다. 따라서 요리를 해서 먹으려는 순례자들은 아예 오후 2시 이전으로 마을에 도착해서 미리 장을 봐두거나, 아니면 다른 용무부터 해결하고 오후 5시 이후에야 저녁거리를 사러 마트에 갈 수 있다는 것을 염두에 두어야 한다. 또한 숙소 이외에 스페인의 많은 상점(상점, 약국, 음식점 등)이 주말에도 문을 잘 열지 않는다는 것을 꼭 기억하자. 마을에 따라 상황이 조금씩 다른데, 보통 토요일 시에스타부터 주일(일요일) 시에스타까지는 큰 도시라 할지라도 거리가 한산하고 조용했다. 필요에 따라 마트에 갈 일이 있으면 미리 구입해서 준비해야 당황하지 않을 수 있다.

까미노에는 어떤 길이 있을까?

부르고스 대성당

어느 시즌에 걷더라도 까미노 동안 모든 종류의 길을 걸을 수 있다. 전에 언급했듯이 산은 크게 3번을 넘게 되고, 중간중간 돌길, 흙길, 산길, 빗길, 눈길 등 사계절의 길을 만나게 된다. 주로는 오르막과 내리막의 반복이라 할 수 있으며, 까미노 중반부에는 "메세타"라 하여 끊임없이 평평한 길로 한없이 직진만 하는 구간도 있다. 까미노 중 '도시'라 불릴 수 있는 큰 마을로는, 순서대로 '팜플로나' '부르고스' '레온' 등이 있다. 이런 큰 도시마다 대성당이나, 박물관, 가우디 건축물 등 볼거리가 많으므로 하루씩 더 머무는 순례자들도 있다.

까미노 중에는 가끔 두 길로 나뉘는 갈림길이 있다. 짧게는 잠시지만, 길게는 하루 이틀 동안 다른 길을 걷다가 합쳐지므로 순례자는 선택을 해야 한다. 길이 나뉠 경우 보통 한 쪽은 고도 변화가 심하지만 거리가 짧고, 다른 한쪽은 완만하지만 살짝 길게 돌아가는 경우라 이해하면 되겠다. 필자의 경우 가이드북 없이 갔었기 때문에 마을 이름만 보고 숙소를 예약했었다가, 선택의 여지없이 왼쪽 길로 가야 했던 적도 있었다. 덕분에 '사모스'라는 마을의, 역사적인 수도원을 방문할 수 있었지만, 아마 전날 옆 순례자의 가이드북을 전날 잠시 빌려보지 않았다면 갈림길에서 오른쪽 길로 갔을 수도 있던 것이다. 이렇게 선택해야 하는 길이 가끔씩 있으므로 순례자들은 미리 체크해 두면 좋겠다.

까미노 이전과 이후 일정

유럽인들은 거리가 비교적 가깝기 때문에 800㎞란 거리를 한 번에 걷지 않고 몇 년 동안 나누어 도전하는 경우가 많다. 그러나 한국인들은 한 번 큰 맘 먹고 나와야 하기 때문에 한 번에 800㎞를 도전하고 완주하는 추세이다. 그렇다 해서 조급하기보단 이왕이면 여유 있게 일정을 잡는 게 좋겠다. 프랑스 파리로 들어간다면 며칠 파리 근처를 여행하고 걷기 시작하는 것도 시차 적응이나 컨디션 조절에 도움이 된다. 필자는 걷는 37일을 포함하여 46일을 계획하고 앞뒤로 짧게 여행을 덧붙였다.

까미노를 마친 뒤에 순례자들은 산티아고에서 며칠 더 보내기도 한다. 산티아고 말고도 포르투갈로 넘어가거나, 스페인 남부

땅끝, 피니스테레

지역, 아니면 특히 "바르셀로나" 등, 주변에 갈 수 있는 곳이 많
다. 그러나 순례자라면 산티아고에서 가야 할 곳이 있다. 바로
"묵시아"와 "피니스테레"다("무시아"와 "피스테라"라고도 불린다). 산티아
고로부터 약 100㎞ 씩 떨어진 곳인데 이 두 곳 모두 야고보 사도
와 연관이 깊기 때문이다. 그래서 적지 않은 순례자들이 산티아
고에서 며칠 휴식한 뒤 다시 배낭을 메고 걸어가기도 한다. 도보
로는 각각 3~4일이 걸리고, 아니면 대중교통(버스나 택시)을 이용
해서 갈 수도 있다. 묵시아와 피니스테레 어느 곳을 먼저 갈 지
는 순례자에게 달려 있다. 참고로 묵시아는 "쉼"이라는 의미가,

묵시아의 일몰

피니스테레는 "끝"이라는 의미가 담겨 있다. 실제로 "0.0㎞ 비석"
이 있는 곳은 산티아고가 아니라 피니스테레이다. 야고보 사도
가 서쪽 땅 끝에서 대서양을 바라다보며 더 이상 복음을 전할
수 없음을 슬퍼한 마을이 피니스테레다. 전설에 의하면 이 야고
보 사도가 그렇게 일생을 바쳐 복음 전하며 다녔지만, 몇 명 밖
에 전도하지 못해 낙심하고 있을 때 쉼을 허락받은 곳이 묵시아
라는 얘기가 있다. 두 곳 모두 순례자에겐 의미가 있는 곳이므
로 시간이 허락된다면 일정에 넣어보는 것을 추천한다.

PART 2

After Santiago

시작

　'시작'이라는 단어는 듣기만 해도 두근거리는 말이다. 이 단어 속엔 새로움, 설렘 등의 의미가 담겨 있으며, 그동안 꿈꿔오고 준비해온 것이 비로소 실현되는 순간이기 때문이다. 그러다 보니 하루 혹은 전체 까미노 일정 초반에 속도를 빨리 내는 사람들이 있다. 그러나 그들은 잘 걷다가도 대부분 쉽게 금방 지치고 결국 엔 뒤로 처지는 경우가 많다. 처음에 여러 가지 기대들로 흥분해 서 무리를 했다가 이내 중도 포기해야하는 순례자들을 보았다. 인생은 장기전이라 하는데, 처음에는 한 박자 천천히 시작해보 는 건 어떨까? 까미노에서는 조급할 거 없다. 앞사람이 저 멀리 앞에 있는 것 같아도, 그 사람이 잠시 외투 하나 벗거나, 신발끈 한 번 고쳐 매면 따라잡히는 곳이 까미노이다. 분명 나를 추월 하는 사람들을 보며 나는 왠지 늦는 거 같아 조급해지고, 더 빨 리 가려 하는 마음이 들기 마련이다. 그러나 까미노는 그렇게 자 연스레 앞서거니 뒤서거니 하며 함께 걷는 길이다. 누군가가 빨 리 걸었다 해서 까미노는 상 주지 않는다. 그저 그날 하루 수고 한 사람에게 똑같은 도장 하나 찍어줄 뿐이다. 첫술에 배부르랴.

자기 페이스대로

순례 중 만나는 길과 주변 풍경도 참 아름답지만, 그 못지않게 아름다운 것은 까미노 동안 만나는 다양한 사람들이다. 서로 다른 곳으로부터 모여 각자 출발하지만 까미노를 걸으면서 자연스럽게 많은 사람들을 사귀게 된다. 그들과 나누는 대화는 참 흥미롭고 유익하다. 누군가의 잠시 지나가는 한 마디가 자신에겐 커다란 울림이 되거나 귀한 깨달음을 주기도 하기 때문이다. 따라서 까미노 초반이 지나면 이런저런 사연을 통해 함께 다니게 되는 일행이 생기기도 한다. 그러나 아무리 그 누군가와 함께 걷는 시간이 좋다고 해도 그 사람의 속도에 맞춰 빨리 가다보면 무리가 오기 시작한다. 이것은 반대로 누군가의 속도에 맞춰서 천천히 간다 해도 마찬가지이다. 외롭고 낯선 곳에서 함께 걷는 동료는 큰 힘이 되기에, 오랜 시간을 함께하고 싶고, 같이 발맞추어 가고 싶은 것이 당연하다. 그래서 무리인 걸 알면서도 무리하는 사람들이 많다. 실제로 타인에게 페이스를 맞춘다며 매일 30㎞ 이상씩 걷거나, 쉬어야 할 때 쉬지 못하는 사람들을 봤다. 그러나 자신에게는 '자신만의 속도'가 있다. 그리고 다른 사람들도 그 사람들의 속도가 있다. 까미노에서는 얼마든지 다시 만날 수 있음을 믿고, 보내줄 줄 알고 헤어질 줄 알아야 한다. 함께 걷는 것 못지않게 중요한 것은 자신의 페이스대로 갈 수 있는 것이다. 그렇기 때문에 본인의 체력을 알고, 자신의 한계를 아는 것도 능력이다. 그렇게 자신의 페이스대로 가고 멈출 줄 아는 것, 그것이 지혜이다.

쉼표

따라서 열심히 걷는 것과 동일하게 적절한 쉼도 중요하다. 아니, 오히려 잘 쉬어줘야 끝까지 잘 걸을 수 있다. 물론 진정한 '쉼의 의미'는 열심히 걸은 사람에게 주어질 것이다. 때론 심장이 뛰도록 열심을 내보지 않고서 마냥 쉬고만 싶어 하는 모습이 누구에게나 깃들어 있기 때문이다. 집중해서 열심히 해야 할 때를 알고 또한 쉬어야 할 때를 알아, 잘 조절할 줄 아는 사람이 무리 없이 완주하게 된다. 쉬는 동안의 그 시간이 왠지 남들보다 뒤처지는 것 같으니 아까운 것은 사실이다. 그래서 당장 다시 빨리 걷기 시작해야 할 것 같지만 우리에겐 반드시 적당한 '쉼표'가 필요하다. 단기적으로 생각하면 쉬지 않고 가는 것이 빠른 것 같지만 장기적으로 역효과가 날 수 있다. 오히려 잘 쉬어야지 끝까지 더 잘 갈 수 있다. 까미노를 걷다 보면, 가끔씩 자신에게 이런 질문들이 떠오를 때가 있다. "내가 지금 어디에 있는 걸까? 얼마쯤 왔을까?" 그 질문에 대답하기 위해선 가던 길을 잠시 멈추고 뒤돌아볼 때 보인다. 쉼표를 찍는 것에 두려워하지 말자.

짐이냐 힘이냐

까미노 완주를 가능하게 하는 관건은 '배낭의 무게'이다. 배낭의 무게가 인생의 무게라는 말도 있다. 까미노는 무게를 1g이라도 줄이려고 노력하는 현장이다. 까미노를 준비할 때면 무게를 최소한으로 줄이라는 말을 한 번쯤 듣게 되는데 사람마다 절대 빼지 못하는 것들이 있다. 최소한의 짐 목록 이외에 더 가져가면 분명 무거워진다는 것을 아는데도 말이다. 순례자는 그렇게 자신만의 배낭을 꾸리고, 각자의 무게에 책임을 지며 걸어간다. 더 비워야 한다는 말은 그 배낭을 직접 메고 피레네 산맥을 한 번 걸어봐야만 피부에 와 닿게 된다. 힘든 고비가 왔을 때 비로소 우리는 이것을 다 가져갈 수 없음을 깨닫고, 우선순위가 바로 세워져 비본질적인 것들을 과감히 배낭에서 뺄 수 있게 된다. 그럼에도 불구하고 흥미로운 점은 까미노에서 만나는 누군가는 여전히 통기타를 들고 가고, 누군가는 DSLR을 들고 가고, 누군가는 강아지를 안고 간다는 사실이다. 그들이 그렇게 가져가기로 선택하는 이유는 단 하나이다. 그것이 그들에게 '의미 있는 것'이기 때문이다. 그것에 가치를 두지 않는 사람에게는 "짐"이 되지만, 가치부여가 된 사람에게는 그것을 가져갈 때 오히려 "힘"이 된다. 비록 물리적으로 배낭은 무거워졌지만, 되레 그것으로 인해 감당할 수 있는 더 큰 힘이 생기는 역설의 원리이다. 즉 무엇이든지 부여되는 가치에 따라 누군가에겐 "짐"이 될 수 있고, 누군가에겐 "힘"이 될 수 있다는 뜻이다. 의미가 부여된 것은 아무리 무게로 힘들더라도 가장 끝까지 버리지 않을 것이다. 여러분에게도 질문을 한 번 던져본다. 당신의 인생길에서 오히려 힘이 되어주는 것은 무엇인가?

노란 화살표

까미노에서는 길바닥이나 표지판, 바위 등 곳곳에 그려진 노란 화살표를 발견하게 된다. 이 노란 화살표는 모두 산티아고 가는 길을 가리키고 있으며, 순례자가 길을 잘 가고 있는지 중간 점검해주는 표지이다. 화살표가 매 순간 있는 건 아니지만 갈림길과 같은 결정적인 순간에 어느 쪽으로 가야할지 방향을 일러준다. 분명 내가 볼 땐 반대쪽이 빠를 것 같아도, 순례자는 그저 화살표대로만 가면 된다. 이것은 우리보다 먼저 걸었던 순례자들이 이미 걸어보면서 몸소 직접 검증해준 것이다. 순례자가 노란 화살표 앞에서 꾀만 부려봤자 고생하거나 더 돌아갈 뿐이다.

한참 걸어가다가 화살표가 한동안 보이지 않으면 잠시 멈춰

보아야 한다. "내가 맞게 가고 있는 걸까?" 물으며 잠시 점검해볼 필요가 있다. 옆 사람과 대화를 나누다가, 또는 아름다운 경치에 시선이 빼앗겼다가 옆으로 빠져야 하는 부분에서 그대로 직진하는 경우가 많다. 이렇게 아무리 선한 동기라 할지라도 화살표 앞엔 장사 없다. 그러기에 순례자는 늘 겸허히 노란 화살표를 의식하며 걸어야 한다. 그

렇지 않으면 왔던 길을 다시 돌아가서 마지막 화살표를 본 곳부터 다시 걸어야 한다. 그래도 그렇게 하는 것이 가장 빠른 해결 방법이다.

특히 복잡한 도심 속에서 노란 화살표를 찾기란 여간 쉽지 않다. 커다란 도시의 수많은 볼거리와 상점들, 간판들이 우리의 시선을 화살표에 집중하지 못하도록 방해하기 때문이다. 그래도 잘 훈련된 순례자에겐 별 어려움 없이 그 큰 도시를 묵묵히 잘

통과할 수 있다. 우리 인생길도 마찬가지이다. 물론 우리 삶 가운데에는 까미노에서 만큼의 선명한 화살표가 잘 보이지 않을 것이다. 그렇지만 하나님과의 친밀한 교제를 통해서 그분이 주시는 싸인에 익숙해지고 잘 캐치한다면 복잡한 세상 속에서도 우리의 가야 할 길을 걸어낼 수 있을 것이다. 그런 의미에서 성경 말씀이 또 하나의 노란 화살표인 셈이다. 이미 인생길을 걸어왔던 신앙의 선조들의 발자취를 보며, 배울 건 자신의 것으로 취하고, 실수는 되풀이하지 않는 것, 그것이 '시간을 사는 것'이며, 다른 말로는 '지혜'라 읽는다. 우리 인생길 중 마주치는 갈림길에서 내가 어떻게 걸어가야 할지, 믿음의 선배들이 겪은 우여곡절의 성경 이야기들을 통해 하나님께서는 오늘도 친히 알려주고 계신다. 중요한 것은 이러한 노란 화살표를 우리가 사는 삶 속에서 얼마나 잘 캐치 할 수 있는가이다. 그것이 우리가 늘 말씀을 가까이 해야 하는 이유이다.

이정표

"우리의 걸음이 거름이 된다면" (순례길 중 만나는 문구)

까미노를 걷다 보면 앞사람과의 차이가 벌어져서 시야에 보이지 않고, 그래서 마치 자신이 맨 앞인 것처럼 느껴질 때가 있다. 이렇게 앞에 아무도 없을 때는 비교적 에너지 소모가 크다. 선두에 있는 사람은 매 순간 다음 길을 위해 노란 화살표가 언제 나타날지, 방향은 어디일지 계속 신경을 쓰면서 가야 하기 때문이다. 그런데 만약 자신보다 앞에 걸어가는 누군가가 한 명이라도 있다면, 비교적 좀 더 편히 갈 수 있다. 앞사람만을 맹신하며 따르면 안 되겠지만, 그렇게 앞에 한 사람이라도 있을 때 적어도 우리에겐 큰 의지와 참고가 된다. 앞사람이 우리에게 또 하나의

노란 화살표이자, 이정표가 되어주기 때문이다. 그러나 여기서 더 나아가야 하는 것, 우리도 그렇게 "누군가에게 이정표"라는 것이다. 뒤에 있는 누군가가 우리를 보며 의지하고 참고하고 있다. 먼저 내디딘 우리의 발걸음이 뒷사람에게 의미 있는 이정표가 되길 소망한다. 이것이 바로 그리스도인의 삶이 깨어 있어야 하는 이유이다. 늘 매 순간 우리의 영적인 눈이 닫혀있진 않는지 스스로를 점검해보자.

또 비유로 말씀하시되 맹인이 맹인을 인도할 수 있느냐 둘이 다
구덩이에 빠지지 아니하겠느냐 (누가복음 6장 39절)

알베르게

'알베르게' 앞에는 "Solo Peregrinos"라는 말이 있다. 이것은 "오직 순례자들만", 즉 "알베르게는 오로지 순례자들만 이용 가능합니다"라는 뜻이다. 알베르게에는 일반 숙박시설과는 달리 순례자만을 위한 공간이다. 돈이 아무리 많아도 순례자가 아니면 숙박이 제한되는 곳이 알베르게이다. 잘 걸었고, 못 걸었고 하는 것도 알베르게에서 엄밀히 그렇게 중요하지 않다. 그저 그날 하루에 충실했던 사람들에게 알베르게의 문은 열려 있다. 공립에서 자든, 사립에서 자든 자신의 형편에 맞게 누울 수 있는 침대 하나가 있다는 사실로 감사한 것이다.

인생길에서도 돈이 없다는 것은 조금 불편한 것이지 불행한

게 아니다. 무얼 먹든 배는 부르게 되어 있고, 또 배고파지기 마련이다. 고된 하루였음에도 돌아보니 작은 감사가 있었음을 발견하고, 그래도 괜찮은 하루였다고 자신에게 토닥여줄 수만 있다면 그걸로 족한 것이다. 어떤 브랜드의 옷을 입고 걸었느냐 혹은 그날 하루 동안 빨리 걸었느냐 하는 이 질문들은 까미노에서 중요하지 않다. 그저 주어진 하루를 감사하며 하나님의 은혜라고 고백하고, 주어진 하룻길을 우직하게 걸은 그 사람이 알베르게에 당당히 짐을 풀어놓을 수 있다.

비범하고도
평범한 사람들

까미노는 누구나 와서 걸을 수 있는 길이지만, 그러나 결코 모두가 다 걸을 수 있는 그러한 쉬운 길도 아니다. '누구나'라고 표현했지만 그런 면에서 까미노에 온 사람들을 보면 그들은 "비범한 사람들"이다. 까미노를 걷는 연령대는 주로 세 부류다. 앞으로의 인생을 걷기 전에 온 2~30대, 중간 점검을 하고 싶어 온 50대, 그리고 은퇴 이후

비범하고도 평범했던 리사

찾아온 6~70대까지. 다양한 연령대의 그들에겐 공통점이 있다. 모두가 무언가 삶에 더 중요한 것이 있지 않을까 자신의 삶에 물

음표를 던진 사람들이다. 좀 더 의미 있는 삶에 관심을 두고 까미노에 우선순위를 세워 일상에 대해 "올 스톱"을 걸고 뛰쳐나온 사람들이다. 그런 의미에서 그들은 비범하다.

그렇지만 동시에 그들은 지극히 "평범한 사람들"이다. 한 예로 유럽 사람들은 지치지도 않고 굉장히 빨리 잘 걷는다. 그렇게 걷고 나서도 숙소에서 휴식을 취하는 게 아니라 늦게까지 서로 대화하는 유럽 사람들, 보기에는 정말 대단하다고 느꼈지만 그들도 자리에서 일어날 땐 "에고고" 소리 내며 절뚝거리는 것을 본 게 기억난다. 그렇다. 까미노에서 안 힘든 사람 아무도 없다. 겉으론 비범하고 대단해 보일지라도 모두가 맛있는 음식, 따뜻한 물, 편안한 잠자리만 있으면 그걸로 기뻐하는 똑같은 사람들이다. 그 길을 걷는 모두에게 각자 나름의 고민거리와 아픔, 기도 제목이 있었다. 그런 면에서 산티아고로 향하는 순례자는 모두 비범하고도 평범하다.

교만과 비교

까미노를 조금 걷다 보면 어느새 마음속에 교만이 싹튼다. "나는 더 빨리 잘 걸었어, 나는 많이 쉬지도 않았어, 나는 더 멀리 왔어, 나는 배낭을 부치지 않았어." 이런 생각은 겉으로 나오진 않아도 마음속에서 슬머시 올라온다. 게다가 이 생각은 꼭 타인에게 투사되어 '비교'를 시작한다. "저 사람은 배낭을 부쳤어. 저 사람은 '생장'부터가 아니라 중반부터 시작했어. 저 사람은 중간에 택시로 건너뛰었어." 이렇게 시합도 아닌데 나도 모르게 일종의 경쟁과 비교를 하고 있는 모습을 발견하고 놀라곤 했다. 그러나 까미노를 마칠 때 즈음엔 이런 생각들이 그다지 중요하지 않음을 깨닫는다. 그렇게 비교하며 느끼던 작은 희열은 본질적으로 의미가 없다. 까미노는 경주가 아니기 때문이다. 이

곳에서 만나는 모두는 경쟁자가 아니고 친구가 된다. 이곳에서는 틀린 게 아니고 '다름'이 있을 뿐이다! 하나 중요한 게 있다면, "내가 누구보다 어떻다"가 아니라 '자신 스스로에게' 혹은 '그날 하루에' 충실했는지, 그래서 후회가 없었는지 하루를 돌아보며 체크하고 혹여나 부족한 게 있었다면 내일에 적용하면 되는 것이다.

까미노 친구들과 공동식사

안 싸우는 법

필자는 부모님과 함께 까미노를 걸었다. 가족끼리 왔다는 것에 사람들이 부러워하다가도 이내 많이 하는 질문은 "같이 걷다 보면 안 싸웁니까?"였다. 그렇다. 우리 가족은 싸우지 않았다. 친한 친구와 함께 여행을 간다 할지라도 한 번쯤은 크게 다툰다고 하는데, 어떻게 그럴 수 있냐는 질문에 그 이유를 한 번 생각해 보았다. 그 중 뇌리를 스친 것은 결정해야 하는 순간이면 부모님께서 아무거나 괜찮다며 필자로 하여금 판단하고 결정을 내리도록 기다려줬다는 점이다. 때론 당장 결정해야 해서 조급할 땐 '다 좋다'는 의견이 답답할 수도 있다. 그러나 충분히 의견을 나누고 한 후에 스스로 한 쪽이 결정을 내릴 수 있도록 따라주신 부모님이 계셨기에 갈등이 없었고, 필자 또한 더욱 책임감 있게 판단 내릴 수가 있었다.

즉, 누군가와 갈등이 있을 때면, 혹시 지금 내가 고집부리고 있진 않은가 점검해보자. 분명 나름대로, 상식적으로 옳다고 생각하는 그것으로 가장 고집부리고 있을 가능성이 크다. "나는 꼭 이걸 해야만 해!"라는 생각에서 갈등이 시작된다. 늘 자신이 틀릴 수도 있다는 것을 염두에 두어야 한다. 다른 의미로, 나에게서 힘을 좀 뺄 필요가 있다. 나도 충분히 그러고 싶은 게 있지만, 하고 싶은 말은 많지만, 상대방의 말을 들어줄 줄 아는 힘, 그리고 그렇게 해줄 수도 있는 여유가 우리에게 필요하다. 하고 싶고, 할 수도 있고, 해도 되는 것을 안 할 줄 아는 사람이 멋있는 사람이다. 또한 이것이 '배려'의 원리이다.

또한 자신이 힘들어서 예민할 때 조심하자. 동일한 자극에도 나의 컨디션이 어떠한가에 따라 그냥 웃고 넘길 수 있던 일도 때로는 욱하게 된다. 자신이 육체적으로든, 정신적으로든 힘들고 여유가 없을 때면 필터링 없이 쉽게 반응하고서 뒤늦게 후회하는 경우가 다반사이다. "의인의 마음은 대답할 말을 깊이 생각하여도 악인의 입은 악을 쏟느니라(잠언 15장 28절)." 즉, 우선은 내가 예민해지지 않도록 컨트롤하는 것이 필요하겠고, 만약 예민해졌다면 예민해진 나를 알아차리고, 실수하지 않는 것이 중요하다.

나그네

우리의 삶은 나그네 인생이다. 첫째로 나그네는 한곳에 머무르지 않고 다음을 향해 나아가야 한다. 아무리 힘들어도 그 순간은 지나가며, 혹은 반대로 아무리 지금이 좋아도 앞으로 가야 하는 것이 우리 인생이다. 그날 마을 분위기나 숙소가 마음에 들면 더 머물고 싶기도 하지만, 순례자는 아쉬움을 뒤로 한 채 짐을 꾸리고 떠나야 한다. 시간이 흐르듯이 순례자는

나그네 순례자 동상

앞으로 가야만 한다. 우린 인생의 순례자이자 나그네이다. 우리는 잠시 이 땅에 살 뿐이며, 광야와 같은 하루하루를 보내고 있

는 것 같지만 결국은 하나님이 계신 본향으로 조금씩 가고 있다. 또한 우린 이 땅에 더 있고 싶어도 하나님이 부르실 때 본향으로 가야 한다.

둘째로 나그네는 많은 짐을 필요로 하지 않는다. 일상에서는 이걸 깨닫기가 쉽지 않다. 왠지 이것도 필요할 것 같고, 저것도 필요할 것 같아 바리바리 움켜쥐고 쌓아두기 바쁘다. 청소 할 때도 이건 언젠가 필요하겠지 하며 버리지 못하는 것들이 많다. 그러나 나그네의 시선으로 바라볼 때 우리는 비교적 냉정해질 수 있다. 까미노를 통해서 실제로 우리가 살아가는 데에 많은 것들이 필요하지 않음을 깨닫게 된다. 이와 같은 나그네의 정신으로 살아갈 때 물질적으로, 시간적으로 무엇이 더 중요하고 우선적인 것인지 판단할 수 있는 시야가 넓어진다. 한 가지 세상의 나그네와 다른 게 있다면, 하나님 나라 갈 때는 다시 짐을 꾸릴 것 없이 그냥 가면 된다는 사실이다.

오르락내리락

까미노에서 얻는 가장 단순하고도 중요한 깨달음은 길이 올라갈 때가 있으면 반드시 내려갈 때도 있다는 것이다. 오르막길은 분명 쉽지 않고 힘들다. 어떤 분야든지 일정한 '경지'에 오르기 위해선 수많은 실패와 시행착오를 겪으면서 많은 에너지를 쏟아야 한다. 이 힘든 오르막길이 도대체 언제 끝날까 하는 막연함과 불확실성이 때론 우리를 더 지치게 만든다. 그러나 기억할 것은 마냥 계속해서 올라가지만은 않는다는 것이다. 열심히 올라간 사람일수록 그 꼭대기에서의 절경이 참 아름답고 보람 또한 크다. 마치 그동안의 수고와 고생에 보상을 받는 기분일 것이다. 초막이라도 짓고 꼭대기에서 계속 이 순간을 누리고 싶을 것이다. 그러나 그곳의 경치가 아무리 좋아도 다시 내려가야 하는 때가 반드시 온다. 생각해 보면 올라갈 때가 그렇게 힘들었지만, 언젠가 내려가야 할 때 잘 내려올 줄 아는 게 커다란 지혜이다. 올라갈 땐 잘 올라간 사람들이 내려오다가 다치는 경우를 많이 봤다. 자신의 무릎이 조금씩 망가지는지도 모르는 채 성큼성큼 내려가기 때문이다. 잘 내려오지 못하면 그동안 잘 올라온 것이 수포로 돌아갈 수 있음을 늘 염두에 두자. 내려갈 땐 올라갈 때보다 속도를 늦출 필요가 있다. 인생에서도 마찬가지이리라! 올라갈 땐 열심히 올라가고, 느긋하게 내려오자. 내려가야 할 때라고 아쉬울 것도 없다. 길은 결국 오르막과 내리막의 반복이다. 지금 올라가는 중이라면 더욱 힘을 내길 바라고, 지금 내려가고 있다면 느긋하게 내려가며 오르막길이 또 기다리고 있음을 잊지 말자.

역경은 이벤트이다

어느 날, 오늘은 길이 좀 평이하다고 속으로 툴툴거릴 때, 갑자기 큰 구름이 몰려와 소나기가 내리쳤다. 신기하게도 까미노에선 지루하다 느껴질 때쯤 꼭 뭔가 이벤트(?)가 생긴다. 그 당시에는 그것이 우리를 당황하게 하고, 힘들게 하지만, 돌아보면 그 위기가 안일해지던 우리를 깨워주는 활력소가 되었다. 피레네 산맥은 물론 매우 힘들지만 그렇게 힘들면서도 그냥 걸어 가진다. 그런데 오히려 아무것도 없는 평지가 더 쉽지 않다. 똑같이 반복될 것이라는 그 예측이 사람을 무료하고 지치게 하기 때문이다. 신기하게도 비바람이 칠 땐 '아, 빨리 가야지'하면서 결국 평탄한 길보다 더 잘 걸었다. 힘들 땐 그 순간을 이겨내야 하니까 오히려 힘을 더 내는데, 평안할 때가 마음이 안이해져서 걷기 더 쉽지 않은 것이다. 이것이 바로 하나님께서 우리에게 '역경'을 허락하시는 이유 중 하나이다. 일상은 똑같이 반복되는 것으로 보이면서도 자세히 들여다보면 그날그날 색다른 무언가가 있다! 우리의 삶이 그저 취직하고, 결혼하고, 아이 낳고, 무언가 쳇바퀴 같지만 그런 일상 속에 감추어진, 하나님이 주신 반짝이는 보석들이 있다. 때로는 그것이 우리에게 '역경'의 모습으로 다가오지만, 우리로 하여금 인생길을 완주하도록 곳곳에 예비하신 '하나님의 이벤트'이다. 단순히 우리의 기도가 부족해서만도 아니요, 우리의 죄에 대한 징벌만도 아니다. 우리는 '역경의 원인'만을 분석하려는 경향이 있다. 그러나 역경의 원인보다 더 중요한 '역경의 목적'이 있다. 이 역경을 통하여 우리가 무언가를 배우도록, 다듬어지도록 디자인하신 하나님의 방향성이 있다. 선하신 하나님께서 허락하신 역경이라면, 그 역경을 통해 하나님께서 일하실 것이 있다는 싸인이 된다. 그런 이벤트를, 이벤트인 줄로 깨닫고, 은혜라며 감사하고 즐겁게 누리는 자가 되길 소망한다.

제자들이 물어 이르되 랍비여 이 사람이 맹인으로 난 것이 누구의 죄로 인함이니이까 자기니이까 그의 부모니이까 예수께서 대답하시되 이 사람이나 그 부모의 죄로 인한 것이 아니라 그에게서 하나님이 하시는 일을 나타내고자 하심이라 (요한복음 9장 2-3절)

일탈

일상의 복잡함 속에서는 기적이나 하나님의 일하심을 느끼기 쉽지 않다. 단순해질 때 그제야 보인다. 즉 우리의 삶이 단순해질 필요가 있다. 우리가 복잡해서 못 만나는 것이다. 이것은 마치 별은 늘 하늘에 있지만 도심이 너무 밝아서, 심지어 밤에도 별이 안 보이는 것과 같다. 그러나 별은 밤이나 낮이나 늘 하늘에 있음을 우리는 또한 알고 있다. 그러므로 우리의 있던 자리에서 떠나봐야 한다. 이를 누군가는 전문용어로 "객관화 작업"이라고도 부른다. 자신의 익숙한 자리에서 거리를 두어봐야 보인다. 야곱은 아버지에게 어렵게 얻어낸 축복의 시작이, 속았다고 깨달은 형으로부터의 살해 위협이었고 결국 익숙했던 집을 떠나야 했다. 한 곳에 이르러서는 어두워져 돌을 베개 삼아 잠을 청해보지만 여러 생각이 들었을 것이다. 복의 시작이 도망자의 모습이고, 오늘밤 여긴 안전할지, 과연 외삼촌 라반은 나를 환대해줄지 …. 그런 야곱의 마음을 꿰뚫어 보셨는지 하나님께서는 그날 밤에 만나주시고, 야곱이 어디로 가든지 함께 해주시겠다는 말씀을 주신다.

> 내가 너와 함께 있어 네가 어디로 가든지 너를 지키며 너를 이끌어 이 땅으로 돌아오게 할지라 내가 네게 허락한 것을 다 이루기까지 너를 떠나지 아니하리라 하신지라 (창세기 28장 15절)

그제야 깨달은 야곱의 고백이 다음 16절이다.

> 야곱이 잠이 깨어 이르되 여호와께서 과연 여기 계시거늘 내가 알지 못하였도다 (창세기 28장 16절)

함께 해주시는 하나님에 대해 어려서부터 듣고 자랐을 야곱이지만, 방치되고 내몰린 것 같은 낯선 자리에서 함께하시는 임마누엘의 하나님을 몸소 경험한 것이다. 신앙의 원리도 이와 같다. 우리는 그 안에 있을 때는 정확히 볼 수 없다. 객관적으로 거리를 두어 봤을 때 그제야 깨달을 수 있다. 그런 의미에서 우리에겐 '일탈'이 필요하다.

공간적인 일탈만이 아니라, '시간적인 일탈'도 있다. 그것은 바로, 한 번 멈춰보는 것이다. 신학적인 표현으로는 그것이 '안식'

이며 쉬운 표현으로는 한 템포 정도, 잠시 '콤마(쉼표)'를 찍는 것이다. 그럴 때 절대 늦는 게 아니다. 마치 지도로 자신의 좌표를 체크해보듯이 잠시 내 삶을 점검하는 중요한 시간이 된다. 창세기 46장에서 나이 먹은 야곱은 이와 관련된 귀한 경험을 한다. 죽은 줄로 알았던 아들 요셉이 살아있다는 소식과 함께, 전국적으로 심한 흉년 중이므로 애굽으로 이주해 오라는 초대를 받는다. 야곱은 모든 소유를 이끌고 떠났으나 무슨 이유인지 애굽으로 넘어가기 직전, 경계의 땅, 브엘세바에서 멈췄다. 야곱은 그리고 그 멈춘 자리에서 제단을 쌓는다. 그 때 하나님께서 다시 만나주셔서 걱정하지 말라고, 앞으로 어떻게 될 거라고 확신을 주신다. 그제야 야곱은 수레에 몸을 실었다고 본문은 기록하고 있다.

그렇다. 복잡하고 결정적인 순간이라 느껴질 때면, 거리를 두고, 시간을 두는 지혜가 필요하다. 야곱에게 있어서 예배가 쉼표였고, 일탈이었으며, 안식이었다. 복잡한 상황에 있을수록 그곳으로부터 벗어나 잠시 거리를 두어 보자. 때론 낯설게 느껴지는 그 자리에서 우리가 때로 놓치고 있던 것들을 보게 될 것이다. 그리고 찬양과 말씀, 기도를 통해 우리가 누구인지, 무엇을 위해 살아야 하는지, 그러면 우선적으로 무엇부터 해야 하는지, 우리 삶의 방향을 체크할 수 있게 될 것이다.

결국은
내가 걸어야 할 길

까미노를 걷다 보면 자연스레 함께 걷는 사람들이 생긴다. 그들과 함께라면 큰 힘이 되고, 큰 도움이 된다. 낯선 곳에서 혼자선 해결할 수 없었을 일도 사람들의 도움이 모여 가능하게 되는 일들을 경험하게 된다. 각자 가져온 재료들이 모여 하나의 음식을 만들어내듯이 말이다. 그러나 동시에 유념해야 할 것이 있다. 함께 걸어간다 할지라도 결국은 아무도 그 길을 순례자 자신 대신 걸어줄 수 없다는 것이다. 인생길은 여럿이서 함께 가면서도, 결국은 내가 홀로 가야하는 길이다. 끝내는 다른 누군가가 아니고 내가 이 길을 걸어가야 한다. 배낭은 부칠 수 있지만 혹은 택시를 탈지라도, 내가 앞으로 가야 하는 곳이 까미노이다. 누구도 대신 걸어줄 수 없고, 그 뜻은 자신이 직접 이 길에 응답해야 한다는 것이다. 처음에는 순례자가 길에게 물어본다. 자신이 궁금했던 삶의 질문을 길에게 던지고, 이 길 끝에서 길이 대답해줄 줄 알았다. 그러나 걷다 보면 어느 순간, 길이 오히려 순례자에게 묻고 있다. "이 길에 어떻게 응답할 것이냐고." 순례자는 수없이 다양한 길에 대해 각각 자신이 어떻게 반응할 것인지 늘 선택해야 하는 실존이다. 그리고 그렇게 응답하는 개개인이 모여 함께 만들어 가는 길이 까미노이다.

아는 것이 힘?

필자는 무슨 일을 하기 전에 관련 정보를 최대한 미리 찾아보고, 상상해보며 계획을 짜곤 한다. "모르는 게 약"보다는 "아는 것이 힘"이라는 말을 더 좋아하는, 소위 "머리형"이다. 그러나 까미노를 통해 때론 "그냥 부딪혀 본다"는 것도 스스로에게 허락해본 시간이 되었다. 분명 블로그 검색을 통해 미리 다른 사람들의 평가를 참고하면 커다란 도움이 된다. 미리 계획함으로 꼭 피해야 하는 것을 피해가기도 하고, 아니면 더 좋은 것을 선택하고 누릴 수 있기 때문이다. 그런데 반대로 생각해 보면 그래서 오히려 만나지 못한 것들이 많다. 한 가지 좋은 것을 선택하게 됨으로써, 그 또한 나름의 의미가 있는 아흔아홉을 놓친 것일 수도 있다. 치밀하게 준비된 것으로, 더 풍부할 수 있었던 그 이외의 경험을 제한시킨 것이 되기 때문이다. 때론 여행이라면 모르는 채 부딪혀 보는 것도 필요해 보인다. 정답이 정해지지 않은 그 순간만큼은 뭐든지 해답이 될 수 있다. 아직 예측되지 않은 곳에서의 내 모습, 그래서 그렇게 수많은 가능성이 오픈 된 곳에서의 내 모습이 가면을 벗은 진짜 내 모습일 수 있다. 물론 결론적으로 철저한 준비와 그럼에도 그 너머가 있음을 인정하고 맡기는 것, 이 두 성향이 "겸비"되어야 할 것이지만 말이다!

결국은 자신이 까미노에 오겠다고 결정하고 이 모든 것을 준비한 것 같지만, 가만히 돌아보면 이미 계획해놓으신 하나님이 계셨다. 때론 우리가 계획한 대로, 예측한 대로, 생각대로 일이 진행되지 않을 때가 많다. 때론 원치 않던 길로 걷게 되는 우리 자신을 보며 속상할 때도 있다. 그러나 이 길 끝에서 돌아보니, 그 길은 가장 아름다운 길이었다. 나는 그저 그분의 부름에 반응하고, 순종한 것밖에 없다. 그 순종이 있었기에 그 이후의 엄청난 깨달음을 얻는 기회가 있었다. 우리는 결국 우리가 모르는 영역을 계획하고 있다. 그런데 나 자신보다 나를 더 잘 아시는 분이 계신다. 우리의 계획보다, 우리에게 닥친 문제보다 더 크신 그분이 친히 계획하시고 이끌어 가시는 큰 스케치가 있다. 즉 내가 그 밑그림에 어떻게 순종하느냐에 따라, 아름다운 빛깔의 복을 누릴 수도 있고, 누리지 못할 수도 있음을 기억해야 한다.

완벽주의

까미노는 스페인 국경 내이기 때문에 몇 가지 스페인어를 알 필요가 있다. 그렇지만 결국 다양한 나라에서 사람들이 모이기 때문에 이때의 공용어는 자연스럽게 '영어'가 된다. 본인은 스페인어를 할 줄 모르지만, 스페인어를 할 줄 아는 미국인 친구를 사귄다면 까미노의 사정은 달라지는 셈이다. 즉 영어를 어느 정도만 할 수 있다면 까미노에서 얻을 수 있는 자료와 사람들의 범위는 훨씬 더 넓어진다. 그러나 한국인들은 주로 다른 나라 사람들에 비해 영어에 대해 소극적인 경향이 있다. "I'm fine thank you, and you?"라는 문장 이외에 외국 친구들에게 전해 줄 수 있는 표현은 "I'm sorry. I can't speak in English"를 반복할 뿐이다. 그 이유 중 하나는 우리는 완벽하길 원하기 때문이다. 정답을 말해야 했던 교육에 익숙해, 실수를 두려워하여 내가 말하고 싶은 완전한 문장을 머릿속으로 영작하기 바쁘다. 그러나 그러다가 정작 한 마디도 하지 못하고 대화의 기회를 놓치게 된다. 틀리는 것을 두려워하지 말자. 실수해도 괜찮다. 실제 대화의 장은 정답이 정해져 있는 토익 시험장이 아니다. 오히려 상대방이 고려해서 들어주고, 표현을 고쳐도 주면서 도와준다. 젊은이들에게는 이만한 어학연수의 기회도 없을 것이다. 처음엔 쉽지 않았지만 조금씩 넓히는 외국인들과의 대화를 통해, 우리의 생각과 시야가 더 넓어지고 깊어질 수 있었던 귀한 시간이 되었다. 즉 문법적으로 완벽한 문장보다 더 중요한 것은 먼저 웃으며 인사를 하고, "틀릴 줄 아는 용기"이다.

인사의 중요성

까미노에서는 특별한 인연을 만나기도 한다. 단순히 오랜 시간을 함께한 것도 아닌데 길에서 다시 만날 때면 그렇게 반가울 수가 없고, 까미노 이후까지도 이어지는 특별한 인연이 있다. 그러나 생각해 보면 그 인연의 시작은 당연히 어색했다. 그토록 각별한 사이로 만들어 준 그 첫 단추는 다름 아니라 "인사 한 마디"였다. 그저 웃으며 먼저 "올라(안녕)!"라고 할 수 있다면, 그 이후는 자연스럽게 열린다. 먼저 입을 열어 인사를 한다는 것이 쉽지는 않았다. 스페인에서조차 도시에서는 왠지 인사를 주고받기가 쉽지 않지만, 도심을 조금만 벗어나보면 오히려 현지 주민들이 어찌나 반갑게 먼저 인사를 건네주던지! 까미노에서 인사는 자연스러운 또 하나의 문화이다. 그리고 보면, 실상은 낯선 이에게 인사를 한다는 것이 어려운 일이 아닐지도 모른다. 적어도 같은 엘리베이터를 타는 이웃에게 인사를 건네 보는 건 어떨까? 휴대폰을 만지작거리며 모른 척하는 게 더 쉽고 편할 순 있으나, 잠시 휴대폰은 집어넣고 주위를 둘러보자. 까미노에서는 작은 리액션을 통해서도 국적이나 언어와 상관없이 우린 친구가 된다.

이것은 분명 까미노에서만 가능한 일은 아닐 것이다. '체면' 때문에 '외면'하지 말고 '직면'해보자. 인생 최고의 동역자를 얻게 될 것이다.

"안녕하세요?"

부엔 까미노!

까미노를 돌아보면 하루하루 안 힘든 길이 없었다. 어떤 날은 너무 덥거나, 어떤 날은 너무 추워서, 어떤 날은 돌길이라 발이 아프고, 어떤 날은 진흙탕길이라 발이 무겁다. 너무 힘들어서 불평이 나올 때쯤 옆으로 누군가 걸어가면서 "부엔 까미노!"라고 웃으며 인사해준다. 스페인어로 "좋은 순례길이 되라, 잘 가"라는 뜻이다. 순례자들은 국적도 다르고 언어도 다르지만 이 인사 한마디로 서로 힘을 얻는다. 바로 이것이 하나님께서 우리에게 원하시는 모습이 아닐까 생각해 본다. 까미노에서 힘들지 않은 사람은 아무도 없다. 그런데도 까미노에서는 마주치는 사람들에게 웃으며 "부엔 까미노"라고 서로 인사한다. 자신도 힘들지만 그럼에도 서로에게 힘을 주는 것이다. 더 약한 사람에게 위로

부엔 까미노!

가 되고 격려된다는 것, 그것이 "부엔 까미노"의 힘이다. 힘든 가운데 오히려 웃으며 외치는 "부엔 까미노"로 인해 나 또한 새 힘을 얻는다. 우리가 살아가면서 함께 걷는 주변 사람들에게 "힘내요! 사랑해요!"라고 그 말을 해줄 수만 있다면! 우리도 누군가에게 "부엔 까미노"를 외쳐줄 수 있는 자이길 소망한다. 모두가 하나님 앞에 서기까지, "부엔 까미노"를 외쳐주며 함께 걸어가는 그런 아름다운 세상을 그려본다.

"함께 걸어가요! 부엔 까미노!"

달팽이

까미노에서 걷다 보면 달팽이를 자주 만나게 된다. 비가 오는 날이면 더 많은 달팽이가 길에 나와 있다. 꼭 자기 집 하나씩을 얹어놓고 어디를 그렇게 열심히 가는지…. 그런 달팽이를 보며 귀엽다는 생각을 가질 때가 있다. "종일 이동하는 거리가 얼마나 될까?" 이런 질문을 던져보며 피식 웃는데, 그러고 보니 순례자 우리의 모습이 달팽이와 다를 게 없음을 깨닫게 된다. 달팽이를 사진 찍기 위해 웅크리신 아버지 등에도 배낭이 있던 게 얼마나 닮았던지. 우리도 산티아고를 향해 가는 달팽이였다. 우리도 하나님 보시기에 느릿느릿 우리의 인생길을 걸어가는 한 마리의 달팽이이다.

스페인 문화는 한국 사람에게 답답할 때가 많다. 식당에 가서 주문할 때도 오래 기다려야 하고, 심지어 계산 하겠다는데도 기다려야 한다. 기다리는 우리만 답답해한다. 하지만 그건 이곳에서의 규칙이고 약속이다. 우리에게는 어색하고 익숙하지 않지만, 그것을 그들의 문화로 받아들인 사람은 비로소 누리기 시작한다. 달팽이처럼 내 안에 '천천히'를 허락할 때에 비로소 주위를 둘러볼 수 있었다. 한 달이 넘는 기간 동안 배운 달팽이 언어들이 있다면, 여유, 내려놓음, 단순함, 기다림, 이해 등이 있겠다. 길에서 만나는 달팽이에게 배워보자.

달팽이를 찍는 달팽이

그렇게 찍힌 달팽이들

예약

그날의 목적지 마을에 다와 갈 때쯤 사람들의 걸음을 보면 알
수 있는 게 있다. 그날 어디에 묵을지 숙소가 아직 해결이 안 된
사람들은 발걸음이 분주하다. 순례자가 많아지는 시즌의 경우,
숙소들이 꽉 차서 본의 아니게 한 마을을 더 걸어야 하는 경우
도 있기 때문이다. 반면에 예약하고 출발한 사람들은 발걸음이
느긋하다. 그들은 그날 어디로 가야할지 이미 정해져 알고 있고,
단지 숙소와 약속한 시간만 넘지 않도록 페이스 조절하면 되기
때문이다. 필자 또한 부모님과 함께 다녔기에 숙소가 해결되지
않은 날이면 왠지 모르게 마음이 조급했다. 거의 다와 갈 때쯤
이면 무리를 해서 속도를 내야할 때도 있었고, 여러모로 어서
숙소를 구해야 한다는 불안감 때문에 신경이 많이 쓰였다. 반대

로 미리 숙소가 예약이 된 날에는 마음이 참 여유롭다. 중간에 식사를 하거나 쉴 때도 쫓기는 것 없이 편안하다. 여러분도 일상 속에서 영화티켓이나 식당 자리가 예약이 되어 있다면 그날이 주말 또는 성수기라 할지라도 동일한 평안함을 누려보았을 것이다. 이것이 예약이 된 사람과 안 된 사람의 차이이다. 그런 맥락에서 우리는 죽어서 천국이 예약된 자들임을 늘 잊지 말자. 비록 지금 우리의 삶이 힘들고 답답할지라도 결국은 우리의 이야기를 해피 엔딩으로 써내려 가실 선하신 하나님을 신뢰하자. 끝내 모든 것을 회복하시고 약속하신 것을 반드시 이루실 그분을 믿는다면, 우리가 오늘 내딛는 이 길을 좀 더 평안하고 느긋하게 대할 수 있으리라.

그러나 우리의 시민권은 하늘에 있는지라 (빌립보서 3장 20절 상반절)

다 왔다 생각하면

까미노는 매일 걷는 거리가 모두 다르다. 평균적으로 하루에 20㎞를 걷는데, 목표 마을을 어디로 끊느냐에 따라 25㎞ 이상을 걸을 수도 있고, 몸 컨디션에 따라 15㎞만 걸을 수도 있다. 재미난 사실은 그날 하루 걷는 거리가 길든 짧든 공통적으로 마지막 3㎞ 정도 남았을 때가 가장 힘들다는 것이다. 목표 마을에 다다를 때쯤 가장 먼저 보이는 것이 마을 중심에 있는 성당 종탑인데, 흔히 그 종탑이 보일 때가 3㎞ 남은 지점이라고 한다. 종탑만 보이면 이제 다왔다는 생각에 기쁘기도 하지만 그때부터가 참 힘들다. 까미노에서도 적응이 필요했던 초반 며칠보다 더 힘들었던 때는 마지막 산티아고에 입성하던 날이었다. 이제 다 왔다 생각이 드니까, 긴장이 풀어지면서 몸과 마음이 무거워지기 때문이다. 오히려 전날보다 더 많이 걸어야 하는 날에는 어제 걸었던 거리만큼까지는 잘 걷곤 했다.

그러고 보면 인생은 마음먹기에 달려 있다. 다 왔다 생각이 들 때가 마음이 약해지고 힘들다. 긴장을 늦추지 말고 마음을 바로 고쳐먹고 걸어보자. 뒤집어 생각해 본다면 힘들 때가 거의 다 왔다는 뜻일 수도 있다. 이내 잘 달려왔다가 지쳐버린 자신에게 마지막까지 완주할 수 있도록 북돋아 주자. 그 응원의 목소리는 역설적으로 "나는 아직 멀었다!"일 것이다. 이 외침이 우리를 끝까지 겸손하게 만들어 줄 것이다. 이것을 신앙과 연결 지어 보아도 동일하다. "은혜 받았다, 다 이루었다"라고 느낄 때 조심하자. "할 만큼 했다, 이만하면 됐지"라는 달콤한 목소리에 다 와서 넘어지는 사람들이 많다. 길은 결국 지구력을 갖고 누가 끝까지 가느냐의 문제이다. 끝까지 견디는 자는 구원을 얻으리라.

그런즉 선 줄로 생각하는 자는 넘어질까 조심하라 (고린도전서 10장 12절)

비워내는 길

처음엔 까미노를 걸으면 이 길 끝에서 무언가 대단한 것을 깨닫고 얻을 줄 알았다. 그러나 걷고 보니 까미노는 걸을수록 점점 무언가를 얻는 곳이 아니라, 배낭의 무게처럼 점점 비워지는 곳이다. 까미노 동안 반복되는 것은 비우는 훈련이다. '비움'이 어떤 의미가 있기에 그럴까? 컵 안에 무언가 이미 가득 담겨 있다면 그것은 더 이상 진정한 컵이 아닌 것이다. 오히려 컵 안의 내용물을 완전히 비우고 깨끗이 닦아낸 후에야 비로소 우리는 그것을 진정한 컵이라고 부를 수 있다. 그래서 무언가 내게 정말 필요한 것이 담기기 위해서는 비움이 우선적으로 필요한 것이리라. 우리가 그토록 이르고 싶어 하는 "온전"이라는 개념 또한, 부족했던 무엇이 더해짐으로 이르는 것이 아니라, 불순했던 것을 덜어내고, 잘라내고, 떼어냈을 때 비로소 반짝이며 드러나게 될 것이다!

배낭 안의 짐에 대해서도, 다 걷고 보니 이내 끝까지 움켜쥐고 갔던 것들이 너무나도 많았다. 그동안 열심히 지고 다니더니, 순례를 마치고 나서야 이제는 필요 없다 느껴져 그제야 버린 물건들이 적지 않다. 언젠가 필요하지 않을까 하는 생각에 끝까지 들고 다니다가 도착지에서 버릴 거였으면 진작 버릴 수 있었던 것이었고, 애초에 그랬다면 얼마나 훨씬 가벼웠을까. 이를 알면서도 우리의 삶 속에서 이와 비슷한 실수를 반복하고 있다. 스스로에게 질문을 던져 보자. "Why not now?" 왜 지금은 못 버리는가! 우리가 중요하다고 여기며 움켜쥐고 있는 것 때문에 정작 잡아야 할 것을 붙잡을 손이 없다. 우리 손에 있는 것을 내려놓을 때 진짜를 붙잡을 수 있는 기회를 놓치지 않을 것이다.

잘 걸을 수 있을까?

지금까지 읽으면서 까미노에 대해 심장이 뛰는가? 아니면 그럼에도 불구하고 잘 걸을 수 있을지 걱정이 되는가? 그러나 순례자는 800㎞를 걷는 사람이 아니라, 오늘 주어진 "하루를 걷는 사람"이다! 단지 오늘을 걸으면 된다. 터무니없이 큰 목표를 잡았다가 결국 지친 사람이 있는가? 내가 할 수 있는 작은 것부터 하나씩 실천하면서 그 하루를 살아내다 보면, 조금씩 그 목표에 가까워진 자신을 발견하게 될 것이다! 그저 오늘 하루를 걸어라.

또한 낯선 곳으로 떠나는 것에 대한 두려움, 즉 익숙한 자리나 누군가와 떨어지는 두려움이 있을 수 있다. 그러나 그런 낯선 자리, 독립된 공간에서 비로소 나의 자리매김을 시작할 수 있다. 타인에게 "보이는 나"가 아니라, "진짜 나"는 누구였는지 가면을 벗어보는 시간이 될 것이다. 더 나아가 까미노를 통해 떠나는 자에게나, 보내는 자에게나 모두에게 '홀로서기'를 배우는 시간이 된다. 홀로 서는 시간은 외롭게 들릴 수 있으나 우리에게 굉장히 중요하고도 필요한 시간이다. 홀로서기의 훈련을 통해 이전에는 내 무게중심이 오로지 무엇에 의지해 쏠려 있었다면, 이제는 비록 똑같이 기대는 것이라 할지라도 무게 중심은 나에게 있을 수 있다. 이 모든 것들이 누구나 한 번쯤은 가져볼 수 있는 걱정과 감정들이다. 분명 지나고 보면 두려워했던 그것이 별거 아니었음을 알고 편하게 웃게 될 날이 올 것이다.

끝이 있다는 것

처음엔 800㎞나 되는 이 엄청난 거리를 언제 다 걸을 수 있을까 막연했다. 초반에 산티아고까지 칠백 몇 십 킬로미터가 남았다는 안내판을 볼 때면 얼마나 멀게만 느껴지고 그 숫자들이 어찌나 막연하던지! 그러나 시간이 지나면서 까미노의 하프 포인트(D-400㎞)가 깨질 때쯤에는 기분이 묘하고 섭섭했다. 이제는 걸어온 길보다 걸어가야 할 길이 더 짧기 때문이었다. 절반을 지나고서 D-100㎞까지의 시간은 더욱 빨리 흘러갔다. 이제 좀 순례자의 생활이 익숙해진 것 같더니 끝이 다가온 것이다. 복잡한 고민걱정 없이, 단순하고도 행복하게 지낼 수 있었던 이 까미노는 마치 필자에겐 하나님이 주신 선물과도 같았다. 그러나 이제는 이런 특별한 생활도 끝나간다는 아쉬움이 슬며시 젖어들었

D-100㎞ 돌파기념

다. 그런데 이렇게 무언가 끝난다는 것, 물론 커다란 아쉬움도 있지만 어찌 보면 끝이 있다는 것도 감사한 일임을 깨달았다. 끝이 있고 그래서 끝날 수 있다는 것이다. 그렇게 끝나고서 집으로, 본향으로 돌아갈 수 있다는 것도 새로운 시작이자 축복이다. 마치 조화보다 생화가 더욱 값진 것처럼, 끝이 있기에 피조물의 살아있음이 의미 있고 아름다운 것이리라.

에필로그

　까미노에 오르기 전에 들은 질문이 있다. 걷는 게 좋은 거라면 우리나라에도 좋은 곳이 많은데, 왜 굳이 거기까지 가서 걷느냐는 질문이다. 그렇다. 적어도 몇 백만 원을 내면서, 또한 40일이란 시간을 쥐어짜서, 한 번도 아니고 몇 번을 걷는 사람들이 적지 않다. 왜 그 많은 사람들이 굳이 그 길까지 가서 걷고 있을까? 말했듯이 까미노 자체가 신비한 곳은 아니다. 까미노가 진리를 대답해주고 알려주는 곳은 아니다. 그럼에도 필자가 느끼기에 다른 점이 있다면, 그곳은 '영성'이 묻어있는 길이다. 각자의 기도제목과 걱정거리를 안고 사람들이 걸은 길이기 때문이다. 까미노에는 많은 인생 선배들의 고통과 땀방울, 한숨과 기도가 묻어있다. 우리 또한 그 길을 따라 걸으며, 즐거울 때와 힘들 때를 겪게 되고 작은 인생을 미리 맛본다. 그런 의미에서 까미노는 '인생의 축소판'이다. 걷는 동안에 어떤 모양으로든 각자의 다양한 경험을 통해서 저마다의 답을 내리게 하는 길이다.

그리고 이제는 '삶의 자리'로 돌아가야 한다. 소중한 것을 깨닫고 돌아가지만 우리가 돌아갈 삶의 자리와 외적 환경은 이전과 달라진 것 없이 똑같을 것이다. 그랬을 때, 나의 어떤 깨달음이나 여기서 느꼈던 것들을 그 삶의 자리에 돌아가서 얼마만큼 어떻게 녹여낼 수 있을까? 이런 작은 두려움이 있는 것은 사실이다. 나의 어떤 점을 고치겠다고 다짐했지만 돌아가서는 본래 모습으로 돌아가진 않을까 하는 걱정이 모두에게 있을 것이다. 기도원을 다녀오고, 수련회를 다녀오고, 이렇게 은혜 체험을 하고 돌아가면 사람들은 달라진 모습을 기대할 텐데, 다른 사람들이 봤을 때 달라진 게 없다고 하진 않을까. 물론 보여지기 위해 사는 건 아니지만, 그곳에 갔다 온 게 중요한 게 아니라 그 이후에 어떤 응답을 보여줄지 그것이 중요할 것이다. 은혜 받고, 구원 받았다는 사실보다, 은혜를 경험한 사람으로서 구원 받은 자답게 그 이후의 삶을 반응으로 이끌어내는 것이 중요하며 그것이 우리에게 영원한 숙제일 것이다.

그러한 변화의 기적을 바라는가? 그러나 기적은 멀리 있지 않다. 늘 가까이 있다. 풀 한 포기에서, 흔들리는 바람에서 하나님의 손길과 숨결을 느낄 수 있다. 우린 때로 너무 커다란 기적만을 바란다. 구슬이 서 말이라도 꿰어야 보배이다. 우리의 시선은 '보배'만을 찾고 있지만, 까미노를 통해서는 우리에게 이미 주어진 '구슬 서 말'을 발견하게 한다. 이미 우리에게 허락해주신, 우리가 갖고 있는 구슬을 먼저 발견하자. 그것을 참 보배가 되도록 꿰는 몫은 까미노 이후, 이제 우리에게 달려 있다.

앞으로도 부엔 까미노!